Esther Bégin

Carnet
d'une flâneuse à
New York

Mes meilleures adresses

LES ÉDITIONS **LA PRESSE**

Catalogage avant publication de Bibliothèque et Archives nationales du Québec et Bibliothèque et Archives Canada

Bégin, Esther

    Carnet d'une flâneuse à New York : mes meilleures adresses

    Comprend un index.

    ISBN 978-2-89705-041-2

    1. New York (N.Y.) - Guides. 2. Magasins - New York (État) - New York - Répertoires. 3. Restaurants - New York (État) - New York - Répertoires. I. Titre.

F128.18.B43 2012   917.47'10444   C2012-940314-8

Directrice de l'édition Martine Pelletier

Éditrice déléguée Nathalie Guillet

Conception graphique Pascal Simard

Photographie de la couverture (avant et arrière)
Daniel Daignault /TVA Publications

Illustration de la couverture iStock Photos

Révision linguistique Natacha Auclair

Correction d'épreuves Yvan Dupuis

L'éditeur bénéficie du soutien de la Société de développement des entreprises culturelles du Québec (SODEC) pour son programme d'édition et pour ses activités de promotion.

L'éditeur remercie le gouvernement du Québec de l'aide financière accordée à l'édition de cet ouvrage par l'entremise du Programme de crédit d'impôt pour l'édition de livres, administré par la SODEC.

L'éditeur reconnaît l'aide financière du gouvernement du Canada par l'entremise du Programme d'aide financière de l'industrie de l'édition (PADIÉ) pour ses activités d'édition.

LES ÉDITIONS **LA PRESSE**
Présidente
Caroline Jamet

Les Éditions La Presse
7, rue Saint-Jacques
Montréal (Québec)
H2Y 1K9

À John,
sans qui cette formidable aventure
n'aurait été possible.

Remerciements

Je tiens à remercier Sarah et Gaspard pour leur soutien indéfectible.

Merci à Tania et Lyssa qui, en plus d'ajouter beaucoup de bonheur à ma vie, ont contribué à enrichir ce carnet de plusieurs photos et adresses.

Toute ma reconnaissance à France, Danièle, Étienne, Fabienne, Jean-Pierre, Jean-François et Sharon pour leurs lanternes éclairantes.

Merci à Jean-Philippe qui, à New York, a pallié mes petits oublis...

A special thanks to Tamara, Stephen and Bill for their help and friendship along the way.

Merci à l'équipe des Éditions La Presse : Nathalie, Pascal, Martine et Caroline pour leur professionnalisme et leur confiance.

Esther Bégin

Légende – Prix des restaurants :

$ moins de 20 dollars
$$ de 21 à 50 dollars
$$$ de 51 à 80 dollars

Pour une personne avant taxes et service.

Table des matières

« **N**EW YORK ??!! » "*The greatest city in the world*!!!..." C'est la réaction que j'ai eue, lorsque par un après-midi de l'automne 2009, mon amoureux m'a fait part de cette occasion qu'on venait de lui offrir d'aller représenter. les intérêts du Québec à New York.

«Hein!? Sans blague??!! Dans la ville de toutes les folies et possibilités??!!!»

Je venais de traverser une déception professionnelle à Montréal et avais le moral un peu à plat. L'idée de m'expatrier dans ce pur concentré d'énergie positive que constitue la Big Apple m'a souri instantanément.

«Mes valises sont prêtes. Elles sont déjà sur le bord de la porte. On part demain matin!» ai-je donc déclaré à mon amoureux après avoir profondément réfléchi... une bonne demi-seconde.

C'est ainsi que le mois de décembre suivant (mes valises avaient beau être bouclées, il restait tout de même quelques détails à régler), je suis débarquée avec mes cliques et mes claques en plein cœur de Manhattan avec une vie à refaire, un environnement à me réapproprier et mon métier de journaliste à façonner en celui de correspondante à New York. Beau défi!... Après tout, *if you can make it there, you can make it anywhere!*

Dans les deux années qui ont suivi, au gré de mes nombreuses piges dans les médias du Québec, quelle ne fut pas ma surprise de découvrir l'existence d'une histoire d'amour, ardente et passionnée, entre les Québécois et la Grosse Pomme. Encore plus surprenant fut de constater à quel point mes reportages avaient trouvé écho chez plusieurs d'entre vous.

Ce couple de l'Outaouais rencontré au «Lexington Candy Shop» dans Upper East Side, avec en poche, ironie du sort, mon article de La Presse sur ce petit *diner* d'époque. Une bonne demi-douzaine de Québécois, aperçus dans la file du «Halal Cart» par un long week-end de trois jours, avec à la main, le magazine *Ricardo* dans lequel je m'enthousiasmais sur ce «must» culinaire du Midtown. Sans compter tous ceux et celles croisés chez Eataly ou chez Becco qui ont voulu découvrir ces deux perles new-yorkaises après m'avoir entendu en vanter les mérites au micro de Christiane Charette ou à l'antenne du 98,5...

Maintenant que mon séjour à New York est terminé, j'ai pensé qu'il serait chouette, et utile, de partager avec vous mon carnet de bonnes adresses : mes restos du coin, mes boutiques de prédilection, mes sorties culturelles, mes évasions... Des lieux que j'ai découverts à travers mes affectations professionnelles, des amis de la place ou tout simplement au hasard de mes innombrables escapades «manhattanesques»...

Espérant vous faire apprécier votre prochaine visite à New York, autant que j'ai adoré chaque seconde de ma vie dans cette ville fabuleuse. Tellement que plus j'y pense, plus j'en ai la certitude... j'étais New-Yorkaise dans une autre vie.

Bonne flânerie dans la Big Apple !

Esther Bégin,
Montréal, février 2012

Préface

New York nous fait tous rêver. Je ne connais personne qui y est allé et qui a été déçu. Le seul ennui: le manque de temps. Courir fait partie du quotidien autant pour ses résidants que pour ceux qui la visitent. On va généralement dans la Grosse Pomme pour un long week-end. On se fait des plans, des horaires, des parcours. On veut découvrir tous les quartiers, faire du shopping, découvrir les musées et flâner dans Central Park par-dessus le marché. Ce n'est pas de tout repos, mais c'est hautement énergisant.

Il y a deux ans, nous voulions faire un New York gourmand dans le magazine *Ricardo*. Découvrir la ville par le ventre. Partir à la découverte de la roulotte de coin de rue, du bouiboui ethnique ou du resto de quartier fréquenté par les locaux. En deux mots, l'anti-trappe à touristes. Et tout à coup, le nom d'Esther Bégin nous est venu en tête. Elle habitait New York depuis six mois et comme toute bonne journaliste, je la savais très curieuse. Mais était-elle gourmande? La réponse est oui, et comment! Déjà au téléphone, elle avait une multitude de suggestions pour chaque quartier. Son enthousiasme était tel que Brigitte et moi avons décidé d'aller la rejoindre pour goûter «son» New York. Quelle fin de semaine ce fut!

Elle nous a écrit un article parfait. Nos lecteurs nous remerciaient en nous envoyant des photos d'eux prises devant les coups de cœur d'Esther. Un restaurateur nous a même confié avoir reçu plus de 1000 clients québécois à la suite d'une de ses recommandations ! Bien sûr, nous n'avons découvert qu'une infime partie de tous les endroits qu'elle voulait nous faire connaître. Ce livre est donc une merveilleuse idée qui ne nous laissera pas sur notre faim. Esther a eu la chance de découvrir cette ville fabuleuse d'abord comme touriste puis comme résidante, ce qui lui donne une vision tout à fait unique de l'endroit. C'est le genre de petit livre à glisser dans son sac, que l'on soit des initiés ou non.

L'amour d'Esther pour New York est palpable et contagieux. En lisant son livre, je me suis dit : qu'est-ce que je fais ici, je dois y retourner au plus vite.

Ricardo

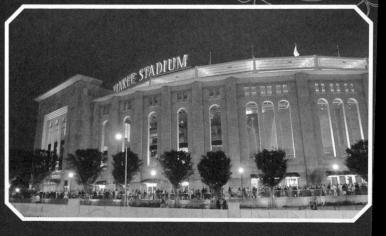

Mes coups de cœur
big-appeliens

« *Love at first sight* », comme disent les Américains… À New York, on peut facilement tomber en amour… à toutes les deux heures ! Un site magique, un resto concept inédit, une idée audacieuse, une ambiance unique… On en finit plus d'être sous le coup du charme. Voici quelques-uns de mes coups de foudre devenus coups de cœur au fil du temps.

L'esplanade de Battery Park City le long
du fleuve Hudson.

Les New-Yorkais!
«It's gonna be a wonderful day!» Ils vous abordent
dans l'ascenseur avec le sourire, vous lancent un
«Hello mam!» lorsqu'ils vous croisent au pas de
course dans la rue et même un *«Need help?»* pour
peu que vous ayez l'air de chercher votre chemin.
Qui a dit que les New-Yorkais étaient des êtres im-
polis et exécrables? Armés d'un sens de l'humour
aussi blindé qu'un Humvee, les habitants de la Grosse Pomme s'avèrent drôlement agréables à côtoyer
au quotidien. Et c'est sans compter leur génie créatif
qui nous émerveille à chaque coin de rue et ce grain
de folie contagieuse qui les amène à croire que tout
est possible. Optimistes, fonceurs, résilients, ouverts
d'esprit... les New-Yorkais. *I love them all!*

Battery Park City

C'est comme être au bord de la mer, mais en plein cœur de New York. Ce beau quartier moderne a été développé au tournant de l'an 2000 sur le dépôt de terre et de roches extirpées du chantier de construction du World Trade Center dans les années 1970. À Battery Park City, l'architecture des immeubles est intégrée, ce qui est plutôt rare dans la *Big Apple*...

On y trouve une belle esplanade le long de l'Hudson. Derrière le complexe du Word Financial Center, la cour extérieure fourmille de bars, de restos et de terrasses qui donnent sur la marina de New York et sur la statue de la Liberté. Magnifique ! Petite étape obligatoire lorsque je me transformais en guide touristique avec de la visite du Québec...

 On peut y entrer par la rue Vesey, à deux pas du complexe du World Financial Center.

L'apéro dans la cour extérieure du World Financial Center alors que le soleil se couche sur l'Hudson.

Séance de jogging quotidien
au Reservoir Jacqueline-Bouvier-Kennedy.

À l'abri de la névrose ambiante de Manhattan.

Reservoir Jacqueline-Bouvier-Kennedy

À l'abri de la névrose ambiante de Manhattan, c'est ma petite oasis pour garder la forme (et la taille) au quotidien. Autrefois réservoir d'eau de la ville de New York, ce grand lac dissimulé au cœur de Central Park est aujourd'hui ceinturé d'un sentier en terre battue de deux kilomètres et demi. D'un côté, il est bordé d'eau ; de l'autre, d'arbres.

C'est l'administration municipale qui l'a baptisé, en hommage à l'ancienne première dame qui, de retour dans sa ville natale après l'assassinat de son président de mari, venait régulièrement y jogger. L'été, des canards se rafraîchissent joyeusement dans le réservoir ; l'hiver, la brume fumante qui s'en dégage lui donne une apparence un brin surréelle. Un refuge idéal pour courir en solitaire et respirer un peu de paix, surtout depuis qu'on a interdit la cigarette dans Central Park !

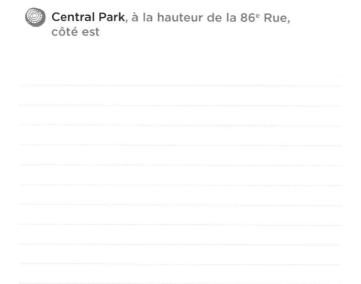

Central Park, à la hauteur de la 86e Rue, côté est

Le sympatique chef Mario Batali.

Au beau milieu de la cohue générale...

Eataly

O n y entre par de belles portes foncées, s'étalent devant nous des comptoirs à café et à gelato. On se fraie ensuite un chemin à travers des étalages de fromages et de charcuteries, on croise une boulangerie, un bar à vin, on hume l'odeur de la pizza cuite sur feu de bois... *Welcome to Eataly!* Le paradis culinaire du réputé chef Mario Batali, dont la mère, Marilyn Laframboise, est d'origine québécoise.

« Venir ici, c'est comme entrer dans un typique village italien », m'avait dit Batali en entrevue au moment d'ouvrir son Bloomingdale's de la *cucina italiana* en septembre 2010. Mais se doutait-il que son *wannabe* petit bled deviendrait aussi rapidement surpeuplé de touristes ?

Mon rituel d'incalculables week-ends : m'attabler aux hauts comptoirs design, au beau milieu de la cohue générale, et m'empiffrer de prosciutto et de figues en sirotant un prosecco. (Et, petit détail non négligeable pour l'amoureuse du café que je suis : chez Eataly on boit le meilleur cappuccino en ville !)

 200, 5e Avenue, Flatiron District, entre la 23e Rue et la 24e Rue

$$-$$$

La terrasse de la Birreria.

À l'attaque d'une saucisse italienne de porc.
et d'une birra toute fraîche.

Birreria

On prend l'ascenseur, on gravit quatorze étages, on suit quelques flèches et puis, paf! la dernière des audaces du créatif Batali s'ouvre devant nous: une vaste microbrasserie à ciel ouvert, haut perchée sur le toit de son Eataly!

Des *birre* italiennes goûteuses, des saucisses de porc ou de veau grillées juste à point, de la mortadelle de la région de l'Émilie-Romagne... Dans cet éden de toutes les tentations, on ne sait plus où donner de la tête!

La Birreria est souvent paquetée d'une jeune et joyeuse clientèle qui s'y délecte sous la pluie comme sous la neige grâce au toit rétractable. Supplément au menu – sans frais additionnels – l'Empire State Building et le Flatiron Building quasiment dans notre assiette!

 **200, 5e Avenue**, Flatiron District, entre la 23e Rue et la 24e Rue

$-$$

Les *street fairs*, le paradis des bonnes affaires...

et du *greasy spoon* ethnique !

Street fairs

V ous doutez de la colossale richesse culturelle de New York ? Vite, un saut dans l'une des foires de quartier désinvoltes. Dans Soho, Greenwich Village, Upper West Side... Dès le mois de mai, chaque fin de semaine, une artère principale ferme son asphalte aux automobilistes pour le livrer en pâture aux piétons et aux commerçants.

Des brocanteurs sud-américains y montent leurs étals, de petits boui-bouis asiatiques naissent ici et là, des parfums orientaux montent de partout... L'espace de quelques heures, le dur béton de Manhattan revêt une dimension humaine. Le paradis de la friperie, du *greasy spoon* ethnique et calorique et du bijou clinquant. Une bague à deux dollars achetée dans une *street fair* m'a déjà valu les meilleurs compliments dans un cocktail mondain de l'Upper East Side.

Pas cher, pas cher, mais on paie comptant.

 Selon les week-ends.

On trouve l'horaire au
http://nycstreetfairs.com/sched.html.

Le Halal Cart et son éternelle fille d'attente !

Ses propriétaires toujours afférés.

Halal Cart

L a cantine de bouffe de rue la plus *hot* de tout New York! Prise d'assaut à toutes heures du jour et de la nuit par les locaux et les touristes, le Halal Cart a même eu droit aux honneurs du Vendy Awards, concours qui récompense chaque année les meilleurs vendeurs de nourriture itinérants de la *Big Apple*.

On y fait la file pour une généreuse assiette de poulet, de porc ou d'agneau à la sauce piquante ou au yogourt, accompagné de riz et de salade, qui coûte la bagatelle de six dollars. Les propriétaires, Marocains, peuvent même nous causer en français. Pour peu que je porte rouge à lèvres et mascara la journée où je m'y pointe, ils me donnent du «*sweety*». Jamais sans mon gyros! (Même si c'est un plat grec et non pas halal... mais enfin, on est à New York!)

 53e Rue, Midtown, au coin de la 6e Avenue

 $

Attention, il y en a quelques-uns dans le secteur, il s'agit de celui qui est situé au sud sur la 53e Rue et à l'ouest sur la 6e Avenue, en face de l'hôtel Hilton.

Sobre fontaine inversée en hommage aux innocentes victimes.

Un moment de recueillement devant ce qu'était jadis les fondations du WTC.

National September 11 Memorial

Une mère et son fils se tiennent la main en pleurant. Une femme dépose une fleur sur le parapet de bronze où sont gravés les noms des victimes. Un homme reproduit sur un bout de papier la calligraphie du prénom d'un de ses proches afin d'en ramener le souvenir à la maison... Au National September 11 Memorial, on prend toute la mesure d'une ville à jamais marquée par son histoire.

Les deux imposantes fontaines inversées, construites à même les fondations des tours écroulées du World Trade Center, sont tout simplement magnifiques. À l'ombre de la nouvelle Freedom Tower, les monuments sont sobres, l'hommage est digne, les lieux imposent le respect. Trois mille victimes innocentes... De loin ma visite la plus émouvante à New York – et qui éveille aussi un peu ma fierté beauceronne, puisque le granit du monument commémoratif a été transformé dans une entreprise de Saint-Sébastien...

 Au coin des rues Albany et Greenwich,
Financial District

Gratuit, mais il faut obtenir des laissez-passer au www.911memorial.org.

Les fabuleuses vitrines de Bergdorf Goodman.

L'immeuble de Cartier.

Noël à New York

Dès la *Thanksgiving* arrivée, elles poussent comme de beaux gros champignons de luxe sur la célèbre 5e Avenue. Les gros rubans lumineux enrobant l'immeuble de Cartier, les fabuleuses poupées concepts des vitrines de Bergdorf Goodman, les anges à trompettes, et l'éblouissant sapin de Rockefeller Plaza... Entre la fin de novembre et le début de janvier, les décorations de Noël transforment New York en un endroit tout simplement féérique.

Les fameuses Rockettes, sémillantes danseuses à claquettes qui égaient la *Big Apple* depuis 1933, débarquent avec leurs steppettes et offrent des spectacles au majestueux Radio City Music Hall jusqu'à cinq fois par jour. L'anneau de glace de la Rockefeller Plaza grouille de patineurs virevoltants et aériens, tout comme celui de Bryant Park, où on peut se faire aller le patin tout à fait gratuitement. Des amoureux enlacés sous de grosses couvertures défilent en calèche dans Central Park, les grands magasins affichent leurs meilleurs soldes...

Partout, ça se sent et ça s'entend : l'ambiance est résolument à la fête. Je m'y prends chaque année à croire au père Noël. Pour un temps des fêtes tout simplement magique...

 • **5e Avenue et Rockefeller Plaza,** Midtown

• **Bryant Park,** Midtown, au coin de la 42e Rue et de la 6e Avenue

• **Tours de calèche dans Central Park,** au coin de la 59e Rue et de la 5e Avenue, à l'entrée de Central Park

Un beau Yankee Stadium presque neuf (inauguré en 2009)!

Le soleil s'apprête à se coucher... magnifique!

Yankee Stadium

Samedi après-midi, assise dans les *bleachers*, entourée de fans finis, j'assiste par hasard à un match lors duquel on souligne le cinquantième anniversaire des 61 coups de circuit de Roger Maris, en 1961. Les spectateurs interpellent chaque joueur par des incantations divines. Par effet de mimétisme, je me prends à engloutir hot dogs et bières et à hurler pour les Yankees! Attention... Des admirateurs des Red Sox veulent la bagarre dans les gradins d'à côté!

Tout le rituel d'avant-match dans les boutiques de souvenirs aux abords du stade est tout aussi enivrant que les matchs en tant que tels. Parce que les Yankees font partie intégrante de l'histoire de New York.

 1, 161e Rue Est, Bronx

Hot dog et bière... impossible de résister !

Mes brunchs préférés et mes *diners* de quartier

Quelques adresses new-yorkaises remplies d'histoire et de style!

On brunche !

Que ce soit en famille, entre amis ou en tête-à-tête, le brunch du dimanche fait presque office de religion à New York. En lieu et place de la grand-messe dominicale, les «Manhattanites» se donnent rendez-vous dans des restos sympas pour placoter des derniers potins en ville, deviser de politique et, surtout, prendre tout leur temps pour déjeuner (ce qu'ils apprécient particulièrement après une semaine éreintante à bosser comme des fous). Voici quelques resto-brunch à l'ambiance typiquement «manhattanesque».

Dimanche après-midi au Locanda Verde.

Locanda Verde

Ce n'est pas le secret le mieux gardé en ville! Situé dans le *trendy* Tribeca – quartier des jeunes familles friquées –, des couples avec de mignons bébés emmaillotés dans des fringues Burberry s'y ruent littéralement les fins de semaine. Il faut dire que la fameuse entrée de ricotta à l'huile de truffes et les crostinis du jour du réputé chef Andrew Carmellini sont – sans l'ombre d'un début d'exagération – sublimes. Belle taverne avec poutres brunes équarries au plafond qui font un peu rustique. Une des versions restos de l'acteur Robert De Niro, qui en est propriétaire. À oublier si l'on n'a pas réservé, à moins d'arriver très tôt. (Environ 30 $ par personne.)

Le Locanda Verde est aussi situé dans le très bel hôtel-boutique Greenwich – aussi propriété de De Niro –, dont je garde un souvenir mémorable. Au mois de juin 2011, j'y ai rencontré le batteur de Pink Floyd, Nick Mason, en prévision d'un reportage sur le lancement d'une collection d'albums remastérisés du célèbre groupe rock. Malgré son statut de musicien mythique, Mason s'est montré d'une grande gentillesse et d'une belle simplicité. Il a pris le temps de me raconter ses souvenirs de spectacles à Montréal dans les années 1970 et 1980. Inoubliable.

 377, rue Greenwich, Tribeca

 $$

 Tél.: 212-925-3797

Standard Grill : de grandes banquettes parfaites pour les brunchs en groupe.

La terrasse du Standard Grill.

Standard Grill

Chaleureux et plein de style… gracieuseté de l'embourgeoisement du Meatpacking District (et situé juste en-dessous du High Line en prime!). L'ambiance du Standard Grill est sympathique; sa clientèle diversifiée. Les dimanches, une jeune faune branchée y côtoie les familles. Sa terrasse peut être bondée en plein mois de novembre. Les œufs bio et le BLT à la dinde nous décrochent la mâchoire. On peut aussi plus simplement y prendre un verre et une demi-douzaine d'huîtres au bar. Il est préférable de réserver.

Foule sentimentale: c'est au Standard Grill que j'ai brunché pour ma toute première sortie, au lendemain de mon arrivée dans la *Big Apple*… (Environ 30 dollars par personne.)

 848, rue Washington, Meatpacking District, au coin de la 13e Rue

 $$

 Tél.: 212-645-4100

Brunch du dimanche dans Upper East Side.

Untilted : vaste resto aux plafonds hauts. Ses grandes
fenêtres donnent sur la belle avenue Madison.

Untitled

é puré et cubique! Ici, on brunche dans l'ambiance chic-ma-chère de l'Upper East Side. L'Untitled est situé dans le fameux musée d'art contemporain Whitney : un vaste espace aéré aux plafonds très hauts. Ses fenêtres dévoilent à moitié la belle avenue Madison et ses boutiques de luxe. Sur le menu, j'aime bien le *Untitled breakfast sandwich* (sandwich œufs, saucisse et fromage), même s'il n'est pas nécessairement diète… J'y vais aussi pour la modernité des lieux et le café Stumptown Roasters, reconnu pour la qualité de ses grains. À essayer avant que le Whitney ne déménage dans le Meatpacking District, en 2015. L'Untitled ne prend pas de réservation pour le brunch. On s'y présente et on attend qu'une table se libère (c'est généralement assez rapide). (Environ 25 $ par personne.)

945, avenue Madison, Upper East Side, au coin de la 75ᵉ Rue

$$

Charmante petite adresse de Soho.

Des couleurs chaudes qui réchauffent
l'atmosphère du Cupping Room.

Cupping Room Cafe

Un brin bohème... comme un café des artistes! Un des premiers du genre à avoir vu le jour dans Soho, le Cupping Room traîne encore des vestiges des années *flower power*. Murs de briques, four d'antan et couleurs chaudes. L'atmosphère ultra chaleureuse égaie les crêpes, omelettes et œufs bénédictine (servis avec du bacon canadien). Service simple et amical. Si on n'est pas matinal, les 5 à 7 ont bonne réputation. Les soirs de semaine, on y mange au son de *bands* de jazz qui offrent des performances *live*. (Le brunch coûte environ 25 $ par personne). Réservation recommandée.

359, Broadway Ouest, Soho, à un jet de pierre de la rue Broome

 $$

Tél.: 212-925-2898

Pour un snack dans un *diner*

Ils ont survécu aux guerres et aux crises, résisté à toutes les modes, traversé le nouveau millénaire... On y sert des hamburgers mozzarella-bacon, des sandwichs au *corned-beef* jumbo et des boules de crème glacée «comme dans le temps». Un saut dans un *diner* new-yorkais? Bienvenue dans la *Big Apple* d'une autre époque!

Le Lexington Candy Shop agrémente le décor d'Upper East Side depuis 1925.

Lexington Candy Shop

Mignon tout plein! Ce petit *bunker* planté bien dru sur la commerçante avenue Lexington (à trois pâtés de maisons du musée du MET) agrémente le paysage d'Upper East Side depuis 1925.

Des fontaines de soda *vintage*, de vieilles bouteilles de Coca-Cola, du papier peint à rayures et des photos d'époque... En fait, la dernière fois que les proprios ont cru bon de retaper les lieux... ça remonte à 1948! Les sandwichs à la volaille sont à se rouler par terre, tout comme le pudding au riz – éternellement dessert du jour.

Le *diner* appartient à la même famille – les sympathiques Philis – depuis trois générations. Les cinéphiles qui ont apprécié *Les trois jours du Condor*, réalisé en 1975, reconnaîtront l'endroit où Robert Redford commande au comptoir des mets pour emporter pendant que ses collègues de la CIA restés au bureau se font tous assassiner.

Avis aux fans des Beatles : feignez de ne pas être complètement tétanisés si vous apercevez Paul McCartney en train d'y casser la croûte... (Environ 12 $ par personne pour le petit-déjeuner et une vingtaine de billets verts pour le lunch.)

 1226, avenue Lexington,
Upper East Side,
au coin de la 83ᵉ Rue

 $

Avec le sympatique
propriétaire John Philis.

Même le menu affiché au mur semble remonter à 1888 !

Hétéroclite et très fréquenté !

Katz's Delicatessen

On boxe dans la file d'attente. On commande au comptoir à de drôles d'hurluberlus à la casquette vissée sur la tête qui nous hurlent un charabia incompréhensible. On joue du coude pour se dénicher une table... Mais cette petite session de sport extrême en vaut la peine. Chez Katz's, on déguste le meilleur-sandwich-pastrami-au-monde, et sans doute le plus gros!

Le *diner* a été implanté dans Lower East Side par une famille d'immigrants juifs russes en 1888. Meg Ryan feignant un orgasme dans *Quand Harry rencontre Sally*? C'est ici que fut tournée cette mémorable scène (il y a même une flèche qui indique l'endroit exact). Alors que j'assistais à l'enregistrement de l'hilarant bulletin de nouvelles commentées *The Daily Show*, son populaire animateur Jon Stewart – un des Juifs les plus célèbres de New York – l'avait même chaudement recommandé à un spectateur qui lui avait demandé où on pouvait manger le meilleur *smoked meat* en ville.

«*Hope you enjoyed your Katz's experience*», nous lancent les *boss boys* lorsqu'on s'apprête à quitter les lieux. «*Experience*» *indeed*... Unique! (Une vingtaine de dollars pour un *Katz's pastrami* ou un *Katz's corned beef* accompagné d'une boisson gazeuse.)

 205, rue Houston Est, Lower East Side, au coin de la rue Ludlow

 $$

La fameuse devanture rendue célèbre par la télésérie
Seinfeld. Des touristes en profitent pour y immortaliser
leur séjour à « Seinfeldland » !

Tom's

«**G**et out!*»* C'est sa fameuse devanture qui a servi de décor à *Seinfeld*, ma télésérie adorée des années 1990 ! Elle illustrait le *diner* où Jerry et sa bande se rencontraient pour casser la croûte. Ce sont des Grecs qui ont ouvert Tom's dans Morningside Heights, à la frontière entre Harlem et Upper West Side, dans les années 1940. D'ailleurs, étrangement pour un menu de *diner*, la salade méditerranéenne y côtoie le cheeseburger double.

Comme le *diner* a pignon sur rue à deux pas de l'Université Columbia, ce snack tout simple est littéralement pris d'assaut par une clientèle étudiante. Sans être rétro, les prix sont très raisonnables : une vingtaine de dollars par personne pour le lunch.

 2880, Broadway, au coin de la 112ᵉ Rue, à la frontière entre Harlem et Upper West Side

 $-$$

Dans un typique
vieil entrepôt
du Meatpacking
District.

Un *diner* fort en gueule !

Bill's Bar & Burger

Bill's a ouvert ses portes dans le Meatpacking District beaucoup plus récemment (2009) que les Candy Shop et Katz's, mais ses juteux burgers *old fashioned* lui ont valu d'être très vite classé «institution new-yorkaise en matière de *diner*».

Qu'on opte pour le *Bill's,* le *classic* ou le *fat cat*, immanquablement, la boulette de viande (six onces de bœuf, haché la journée même, et façonnée à la main) dégouline de fraîcheur, d'oignons caramélisés et de fromage fondant. «*Decadent!*» comme disent les *Big-Appeliens*! Lingettes à volonté sur les tables...

Avec ses vieilles briques rouges, ses nappes à carreaux sur lesquelles trônent de grosses bouteilles de ketchup Heinz, son bar en bois d'époque et ses drôles de dessins sur les murs, Bill's «suinte» le charme de partout. On le sent d'ailleurs dès qu'on y met les pieds : impossible de ne pas craquer. Et les serveurs sont aux petits soins avec vous. (Environ 25 $ par personne pour le lunch.)

 22, 9e Avenue, Meatpacking District, au coin de la 13e Rue

Bill's a aussi pignon sur rue à la Rockefeller Plaza mais l'endroit a moins de panache :
• **16, 51e Rue Ouest**, Rockefeller Plaza, Midtown, au coin de la 5e Avenue

 $$

Une balade sur le High Line et dans le Meatpacking District

C'est l'un des parcs les plus originaux du monde. Et il est situé dans un des quartiers les plus *in* de New York !

Un long jardin étroit suspendu au-dessus de la ville.

Des mangeoires d'oiseaux design.

High Line

arc urbain art déco unique, le High Line a été érigé sur une voie ferrée désaffectée qui surplombait (et polluait!) le paysage de Manhattan. Comme toute idée géniale part de la *Big Apple*, pas surprenant qu'un groupe de résidants du quartier, «Les amis du High Line», y ait pensé!

Le concept? Tout ce qu'il y a de plus novateur: un long jardin étroit suspendu au-dessus de la ville. De grandes bandes de gazon, des magnolias, des tournesols, des mangeoires d'oiseaux design, des bancs de parc modernes... Et en prime, une vue imprenable sur l'Hudson! J'y perds facilement la notion du temps, plongée dans un magazine ou absorbée par mon iPad. Une fin d'après-midi d'automne, au hasard d'une promenade avec des amis du Québec, je m'y suis retrouvée au moment où le soleil se couchait sur le fleuve Hudson. À mon grand étonnement, le paysage s'est avéré tout autre – et absolument magnifique. Une expérience tout simplement unique!

Le High Line
Le High Line s'étend de la rue Gansevoort, coin Washington, jusqu'à la 30e Rue. Outre par ses deux extrémités, on peut y accéder par plusieurs autres escaliers éparpillés le long du parcours (14e Rue, 16e Rue, 18e Rue, 20e Rue, 23e Rue, 26e Rue, 28e Rue). Il faut environ une trentaine de minutes pour arpenter le High Line d'un bout à l'autre.

Aux premières loges pour admirer
la circulation automobile.

Envie de vous asseoir ? Ce n'est pas la place qui manque !

Observatoires...
de la circulation !

Dans un décor presque bucolique, nous voici aux premières loges... pour admirer la folle circulation de New York! Inédits à souhait, on trouve deux de ces observatoires le long du High Line. L'un revêt la forme d'un amphithéâtre; l'autre, d'une minisalle de cinéma avec écran géant. Le mariage parfait entre la nature et l'urbanisme.

 À la hauteur de la 17e Rue et de la 26e Rue

Long banc courbé
entre deux rues !

Quoi? Un banc en courbe qui s'étend sur toute la longueur entre deux rues? Cette drôle de curiosité faite de bois recyclé est devenue un «haut lieu» de rencontre pour les adeptes du High Line. À toute heure du jour et du soir, ils s'y assoient pour jaser, lire un livre, admirer les immeubles à appartements... et discourir sur les panneaux publicitaires géants du quartier... *Only in New York!*

 Entre la 29e Rue et la 30e Rue, à l'extrémité du High Line qui débouche dans Chelsea

Chelsea Market porte encore la patine
de l'époque de sa construction.

Le Meatpacking District
Situé à l'extrémité ouest de Manhattan, le long
de l'Hudson, le Meatpacking District abritait
jadis les abattoirs et les usines d'emballage de
New York (d'où il tire son nom). Le secteur fut
graduellement laissé à l'abandon, avant de devenir dans les années 1980 l'un des plus malfa-
més de la ville, infesté qu'il était de revendeurs
de drogues et de prostitués. Au tournant de
l'an 2000, le Meatpacking District s'est formi-
dablement métamorphosé: les boutiques de
designers, les bars branchés et les hôtels de
luxe se sont mis à squatter les vieux entrepôts
désertés. Ce qui donne aujourd'hui au quartier
beaucoup de gueule!

Chelsea Market

C'est là où, selon la légende, auraient été inventés les fameux Oreo. Cette ancienne fabrique de biscuits de Nabisco regroupe aujourd'hui sous un même toit une vingtaine de commerces de produits cuisinés sur place. Des murs de briques, de belles vieilles poutres de bois, des planchers de ciment, une fontaine à tuyau... Chelsea Market porte encore la patine de l'époque de sa construction (1890), ce qui ajoute aux plaisirs des odeurs et des saveurs.

Mon endroit préféré pour engloutir café et brioche(s) après une balade sur le High Line (surtout chez Amy's Bread, où l'on prépare d'irrésistibles pâtisseries dans une cuisine ouverte aux regards des clients).

 75, 9ᵉ Avenue, entre la 15ᵉ Rue et la 16ᵉ Rue

On peut aussi y entrer par la 10ᵉ Avenue

Romantisme selon
Alexander McQueen.

La vitrine colorée d'Hugo Boss.

Chic lèche-vitrine

ndigeste pour le porte-monnaie, mais un pur régal pour les yeux! Matthew Williamson, Hugo Boss, La Perla.... Ils ont tous pignon sur la 14e Rue, même le regretté et mythique Alexander McQueen. Entre la 9e Avenue et la rue Washington, la belle artère toute pavée de pierres est un véritable concentré de boutiques de designers de mode aménagées dans les anciens abattoirs. Les créations sont époustouflantes; les vitrines au décor un brin techno ou romantique.

Ma préférée? L'atelier de la psychédélique Diane Von Furstenberg. Comme la célèbre designer belge a établi ici ses quartiers généraux new-yorkais, on peut y dégoter ses robes audacieuses en version toutes-les-couleurs-tous-les-styles-toutes-les-grandeurs. À noter que l'ancienne princesse habite le deuxième étage de son atelier. Un vaste loft de briques rouges avec de grandes fenêtres... À faire rêver!

 Boutique Diane Von Furstenberg:
874, rue Washington, au coin de la 14e Rue

La 14e rue toute pavée de pierres et la boutique-loft de Diane Von Furstenberg.

Biergarten

Saliver devant d'aussi belles vitrines vous a donné soif? Le bar le plus *in* pour se désaltérer dans le coin, c'est le fameux Biergarten, situé dans la cour intérieure du resto-hôtel The Standard.

Les fins de semaine, cette vaste microbrasserie en plein air est littéralement prise d'assaut par une jeune faune de *bridge and tunnel* (banlieusards de Brooklyn, de Queens et du New Jersey) en jeans à la taille ultra basse et t-shirt griffé. Puisque ce saloon de luxe est doté d'un toit en plexiglas, on peut y prendre un pot hiver comme été. L'endroit idéal pour se faire voir, surtout si on a craqué pour l'une des créations d'un designer du coin!

848, rue Washington, entre la 12ᵉ Rue et la 13ᵉ Rue

Un pot au Biergarten du Standard Grill.

Bistro Pastis

La balade dans le Meatpacking vous a mis en appétit? Une des valeurs sûres du quartier, c'est Pastis, qui s'inscrit dans la plus pure tradition du bistro parisien. Ce vaste resto – presque toujours bondé – offre une ambiance hyper animée (surtout dans le secteur du bar où il y a toujours beaucoup d'effervescence). J'en garde un souvenir de raviolis au homard absolument jouissifs (mais ils ne sont pas toujours sur le menu du jour)... Vous avez la dent sucrée? Essayez le *Pastis bread pudding* qui fait à lui seul la réputation de la maison. Préférable de réserver. C'est même impératif si on y va un soir de week-end. (Environ 60 $ par personne, incluant le pourboire et le vin.)

🔘 **9, 9ᵉ Avenue**

✳ **Tél.: 212-929-4844**

🔘 **$$$**

Coquette adresse du Meatpacking District.

Photo Miguel Rajmil

Une escapade à Brooklyn

Brooklyn, c'est comme un gros Montréal! Un joyeux *melting pot* de cultures et plein de beaux quartiers à dimension humaine. Brooklyn Heights et ses belles *mansions*? C'est Outremont! Williamsburg et sa population hassidique? Le Mile-End! Boerum Hill peuplé de *hipsters* qui poussent des landaus? Le Plateau Mont-Royal! Pour me sentir chez moi tout en restant collée sur Manhattan, je mets le cap sur l'autre côté de l'East River.

Les hipsters

Avec leurs chemises à carreaux *vintage*, leur chevelure hirsute et leurs lunettes à grosses montures noires, les *hipsters* sont faciles à repérer. Issus du courant de la contre-culture, ils sont dans la vingtaine ou la jeune trentaine et rejettent les préceptes de la société de consommation. Comme ils préfèrent la qualité de vie des petits quartiers à celle des grands centres, ils pullulent dans la banlieue de New York où ils choisissent d'élever leur petite marmaille. Créatifs et cultivés, les *hipsters* sont indépendants d'esprit, politiquement à gauche et fervents de démocratie sociale. Ils ont un penchant pour la nourriture bio, le rock alternatif et les films d'auteur.

C'est parti !

Traversée à pied du pont de Brooklyn

Pour admirer dans toute sa splendeur un des paysages les plus iconiques au monde! Un des plus vieux ponts en suspension des États-Unis, le Brooklyn Bridge fût inauguré en 1883 et est doté d'une estacade surélevée qui permet de traverser l'*East River* à pied. Il faut une trentaine de minutes pour l'enjamber d'une rive à l'autre, minutes pendant lesquelles on a tout le loisir d'admirer le *skyline* de Manhattan. Tout simplement à couper le souffle!

En pleine canicule de juillet, un vent frais monte de l'*East River*, des voiliers défilent au loin et une mer de gratte-ciel s'étale devant nous. Mes petits moments d'absolu dans la chaleur suffocante de l'été new-yorkais!...

 On peut emprunter le pont à la sortie de la station de métro Brooklyn Bridge/City Hall.

Un peu de fraîcheur de l'*East River* dans la chaleur suffocante de l'été new-yorkais!

Une entrée invitante.

Une vue à couper le souffle !

Promenade de Brooklyn Heights

ordée des majestueuses *townhouses* de grès rouge (*brownstone*) si pittoresques de Brooklyn, cette promenade qui longe l'*East River* dévoile un autre panorama mémorable de la ligne d'horizon de New York. Je m'y prends à rêver des vies *glam* et échevelées des écrivains Truman Capote et Norman Mailer, qui furent parmi ses résidants célèbres.

L'automne, les beaux arbres centenaires qui bordent l'allée virent au rouge, puis au jaune. Encore plus beaux que les plus belles cartes postales de la *Big Apple*. Romantique à la puissance mille!

 On peut emprunter la promenade par la rue Montague au coin de la place Pierrepont, Brooklyn.

La romantique promenade de Brooklyn Heights.

Le quartier Red Hook

Dernier-né des coins *trendy* de Brooklyn, Red Hook est un quartier en plein essor où il fait bon lézarder tout doucement. Jadis rempli d'industries et d'entre-pôts, il s'étend sur une petite pointe de terre d'argile rouge, en forme de crochet, d'où il tient son nom (crochet rouge), baptisé ainsi par les Néerlandais qui s'y sont d'abord installés. Les artistes qui l'ont aujourd'hui investi l'appellent le «Résidustriel District». Même s'il présente encore des vestiges de ses origines ouvrières, il n'en représente pas moins une future mine d'or pour promoteurs immobiliers allumés. Imaginez Pointe-Saint-Charles il y a 10 ans!

Située au sud, complètement à l'écart du centre-ville, Red Hook est desservi par le réseau d'autobus – mais pas par le métro – et depuis peu par un mignon service de navettes de *water taxis*. Je m'y rends habituelle-ment à pied de Brooklyn Heights par la rue Columbia (attention, c'est un peu compliqué). J'aboutis finale-ment sur Van Brunt, la *Main* du Red Hook, qui compte quelques bars à vin et cafés grano.

La rue Van Brunt, la *main* de Red Hook.

Red Hook Lobster Pound

L a balade vous a creusé l'appétit? Au Red Hook Lobster Pound, on déguste un des meilleurs *lobster rolls* de tout New York. En version Maine ou Connecticut, ils sont servis en portions généreuses (c'est le moins que l'on puisse dire) et immanquablement avec un sac de chips Cape Cod. On commande au comptoir dans une pièce, et on se régale dans une autre à côté sur de grandes tables à pique-nique. Zéro chichi (même pas de salle de bain), mais délice assuré! (16 $ le *lobster roll*.)

284, rue Van Brunt, Brooklyn, entre la rue Verona et la place Visitation

 $-$$

Le Red Hook Lobster Pound : zéro chichi...

Le grano « Baked ».

La terrasse du Fairway Red Hook Market
qui donne sur l'East River.

Baked

Mon café grano préféré dans le quartier, c'est Baked, rempli de jeunes à tuque-de-laine-quatre-saisons et barbes-de-plu-sieurs-jours. On s'y arrête pour un gros bol de latte accompagné d'un gâteau *red velvet* maison.

 359, rue Van Brunt, Brooklyn

Fairway Red Hook Market

La preuve que le quartier Red Hook s'em-bourgeoise? La fameuse chaîne de marchés Fairway – pour laquelle craquent les New-Yorkais – y a ouvert une grosse succursale, juste à l'extrémité sud de l'île. On peut y casser la croûte sur une belle terrasse située juste à l'arrière, qui donne presque dans l'East River. Une des meil-leures vues de *Governors Island* et de la statue de la Liberté, qui semblent être à portée de la main. Idéal pour méditer... On s'y croirait sur le bord de la mer. L'endroit idéal pour se dépayser.

 480-500, rue Van Brunt, Brooklyn

 $

D'autres chouettes adresses à Brooklyn

Cobble Hill et ses antiquaires, Carroll Gardens et ses marchands de fringues *vintage*. Bushwick et ses bâtiments barbouillés de graffitis... C'est à se demander si c'est dans ces quartiers de Brooklyn que fut inventé le qualificatif *cool*. En prime, plein de restos qui ne coûtent pas les yeux de la tête.

Un peu déroutant quand on y entre... la quintessence de Brooklyn !

Roberta's

U n peu déroutant quand on y entre, mais tout simplement génial! C'est comme si Roberta's s'était fait un nid dans la cour de garage d'un immeuble délabré (et au surplus recouvert de graffitis peu invitants...). Ses murs et ses planchers sont en ciment et on y mange sur de grandes tables de bois étalées dans le désordre. Les salades (notamment la romaine à la menthe et noix de Grenoble) et les pizzas (mon penchant va à la *Millenium Falco*) sont tout simplement délicieuses. Les prix sont archi raisonnables (entre 9 $ et 17 $ pour une pizza ; à partir de 5 $ pour un verre de vin). Pas surprenant que le prestigieux *New York Times* ait proclamé Roberta's « un des restaurants les plus extraordinaires des États-Unis ». « Ambiance rurale-urbaine-hippie-punk » toujours selon le NYT. Clientèle surtout composée de barbus-à-chemises-à-carreaux-et-grosses-lunettes-carrées (qui a pris soin de laisser sa pipe au vestiaire). La quintessence de Brooklyn! Comme Roberta's est très couru et ne prend pas les réservations, il faut s'attendre à patienter avant qu'une table se libère.

 261, rue Moore, Bushwick, Brooklyn, plutôt à l'écart, à l'est de la rue White, mais tout près de la station de métro Morgan Ave située sur la ligne L

$-$$

Avec mon look hipster à l'attaque d'une salade romaine à la menthe et une Millenium Falco.

En attente d'une table au Mile End Delicatessen.

Le comptoir du Mile End et quelques habitués.

Mile End Delicatessen

Avec un nom pareil, pas surprenant d'apprendre que le proprio est Montréalais! Le jeune Noah Bernamoff a fait le pari d'offrir des *smoked meat* fumés à la façon Schwartz et des bagels fraîchement arrivés de Montréal plusieurs fois par semaine... Et il a remporté le gros lot! Son Mile-End est littéralement assiégé, semaine comme dimanche, tant par des habitués du quartier que par des *foodies* en quête de découvertes. Il faut dire que son petit resto de trois tables et un comptoir a aussi mérité les honneurs d'à peu près tous les magazines «bouffe» de New York. Une réputation qui fait honneur à la Métropole! Et les amateurs de poutine, classique ou au *smoked meat*, ne sont pas en reste.

 97 A, rue Hoyt, Boerum Hill, Brooklyn

 $

Chocolate Room de la rue Court.

Les fameux *cupcakes* et autres tentations chocolatées...

Chocolate Room

Avis aux *calories freaks*, chez Chocolate Room, on prend un kilo rien qu'à parcourir la carte des desserts! Sundaes aux brownies saturés de fudge chaud, puddings au chocolat mi-amer débordant de crème fouettée, fondue aux macarons et au beurre d'arachides... Tout est absolument délirant... même la bière stout au chocolat noir et à la crème à la vanille! Ce petit café est tout mignon, et son personnel pas un brin *pushy*. Libre d'y prendre son temps et d'y savourer chaque bouchée.

Impossible de quitter Brooklyn sans ma demi-douzaine de *cupcakes* sous le bras (et des kilomètres de jogging en vue pour en brûler les calories).

 269, rue Court, Cobble Hill, Brooklyn

**Chocolate Room a aussi « calories sur rue »
au 86, 5e Avenue,** Brooklyn.

L'entrée du Chocolate Room
de la 5e Avenue, Brooklyn.

S'en mettre plein les yeux dans les musées et les galeries !

Avec autant de musées et de galeries dans la Grosse Pomme, on ne sait plus où donner de la tête ! Voici quelques-unes de mes agréables découvertes.

Des musées qui valent le détour

Le fabuleux Met, l'impressionnant MoMA, l'audacieux Guggenheim...
Il n'y a pas que les grands musées bien établis et archi fréquentés pour nous faire voyager dans l'imaginaire et dans le temps !

Les *socialites*

La riche héritière Gloria Vanderbilt, la philanthrope Marie-Josée Drouin Kravis (autrefois Montréalaise), l'ancien top modèle Christy Turlington... Les *socialites* new-yorkaises régalent les pages à potins et les colonnes *people* des journaux de Gotham City. Dames patronnesses du Met Opera, porte-étendards de causes humanitaires ou encore grandes collectionneuses d'art, elles courent les soirées mondaines (et l'objectif de Bill Cunningham, célèbre photographe de mode du *New York Times*). En robes de bal époustouflantes ou en tailleurs griffés hors de prix, elles sont éternellement magnifiques et sans âge. Leur vie semble être une succession de *happenings jet set* et de réceptions à l'apanage des membres de la haute société.

Museum of the City of New York

Pour célébrer l'histoire de notre *Big Apple* adorée! Sa création, son architecture, ses premiers habitants... Je recommande chaudement le documentaire *Timescape* (présenté au deuxième étage toutes les demi-heures) qui, en 20 minutes, réussit à retracer l'évolution de New York, de ses balbutiements à la mégapole moderne qu'elle est devenue aujourd'hui. Le musée présente aussi de belles expositions thématiques et photographiques qui nous plongent dans le monde *glam* des *socialites* des belles années. Ça fait rêver...

 1220, 5e Avenue, entre la 103e Rue Est et la 104e Rue Est, Upper East Side

Le Museum of the City of New York, auguste résidence de la 5e Avenue.

Frick Collection

Admirer des Rembrandt, des Bellini et des Goya dans une ambiance toute pénarde, ça vous dit? Cette splendide collection de grands maîtres européens a été assemblée par Henry Clay Frick, jadis grand magnat de l'acier américain. Elle est maintenant en montre dans l'ancien manoir de la famille (visiblement pas des gens défavorisés...) de la 5e Avenue. Majestueux jardin intérieur garni de fontaines et de mignonnes statuettes en forme de grenouilles! Belle petite terrasse extérieure qui donne sur Central Park. Pour se plonger dans l'univers du riche Upper East Side du début du 20e siècle.

 1, 70e Rue Est, au coin de la 5e Avenue, Upper East Side

Paley Center

Un véritable trésor national! Ancien musée de la télévision et de la radio, le Paley renferme quelque 150 000 archives de la radio et de la télé américaines. Les bulletins de nouvelles couvrant l'assassinat du président Kennedy en 1963? Vous les trouverez! Les discours poétiques de Martin Luther King? Ils y sont aussi! Les *breaking news* du fatidique 11 septembre 2001 vous passionnent? Tout est là! Suffit de choisir. On regarde ou on écoute sur des consoles individuelles. J'y ai passé des heures de pur bonheur par des après-midi pluvieux.

 25, 52e Rue Ouest, Midtown

Des galeries qui valent le coup d'œil

Votre penchant va davantage à l'art contemporain et aux galeries ? Alors, direction Chelsea ! Le quadrilatère délimité par la 20e Rue, la 26e Rue, la 10e Avenue et la 11e Avenue est tout simplement mythique. C'est là qu'on trouve la plus forte concentration de galeries d'art au monde, dont les mieux cotées.

Galerie Gagosian

Elle porte le nom de galerie, mais en fait, c'est presque un musée! La Gagosian présente en effet des grands maîtres du 20e siècle dans des expositions de qualité muséale. Des expressionnistes abstraits au pop art, on peut y admirer des tableaux de Willem de Kooning jusqu'aux œuvres d'Andy Warhol. Cette galerie me fait penser à un mini-MoMA, musée que j'ai visité je ne sais plus combien de fois. Plein de petits trésors, mais moins de touristes...

 La galerie Gagosian compte trois adresses à New York:
- **522, 21e Rue Ouest,** Chelsea
- **555, 24e Rue Ouest,** Chelsea
- **980, avenue Madison,** quatrième, cinquième et sixième étages, entre la 76e Rue Est et la 77e Rue Est, Upper East Side

Mike Weiss Gallery

Le pari de Mike Weiss? Réserver ses murs à de jeunes artistes audacieux et visionnaires. Des canevas faux naïfs de Trudy Benson aux sculptures choquantes de Will Kurtz... Résultat? Des expositions qui laissent rarement indifférent.

J'ai découvert cette galerie à l'occasion d'un reportage sur le vernissage des œuvres de l'artiste québécois Marc Séguin, qui peint notamment avec des cendres humaines. J'y ai alors croisé quelques-uns des plus grands collectionneurs privés de New York, prêts à payer quelques dizaines de milliers de dollars pour une toile représentant un crâne humain géant au cœur d'une église en ruine. Mike Weiss m'avait alors raconté qu'il aime présenter ce genre d'expositions «à risque»... On peut périodiquement y apprécier les œuvres puissantes de Séguin.

 520, 24e Rue Ouest, Chelsea

Photo courtoisie Gallerie Mike Weiss.

La belle et blanche Galerie Mike Weiss exposant des œuvres du québécois Marc Séguin.

Clic Gallery

Vous préférez la photo et vous flânez du côté de Soho? La Clic est une belle petite galerie pas prétentieuse pour deux sous qui expose les clichés de photographes établis (du photojournalisme au collage) et même de paparazzis! Une de mes visites mémorables: la rétrospective de Ron Galella, immortalisant l'éternellement sublime Jackie Kennedy dans les rues de New York et un Marlon Brando d'une autre époque. La galerie renferme aussi une librairie spécialisée en photos. Pour le parfait *coffee table book* a offrir en cadeau!

 424, rue Broome, Soho

Une œuvre originale d'Alexander Calder.

Corno, fière New-Yorkaise d'adoption, devant
l'Opera Gallery et une de ses toiles.

Pace Gallery

Dédiée aux artistes importants des 20e et 21e siècles, cette galerie ose souvent des expositions expérimentales. Au fil des années, la spacieuse Galerie Pace s'est aussi imposée pour faire la promotion d'artistes des quatre coins du monde. De l'histoire de l'ampoule électrique aux mobiles de métal et à la peinture d'Alexander Calder, les expositions y sont toujours très originales.

545, 22e Rue Ouest, Chelsea
510, 25e Rue Ouest, Chelsea
32, 57e Rue Est, deuxième étage, Midtown, au coin de l'avenue Madison

Opera Gallery

Une autre belle petite galerie pas prétentieuse de Soho. On s'y sent d'ailleurs à l'aise dès qu'on y met les pieds (ce qui n'est pas toujours évident dans les galeries new-yorkaises…). L'Opera Gallery expose en permanence une quarantaine d'artistes contemporains de renommée internationale. Des Chagall, des Picasso, des Dali, des sculptures et des meubles… Les visages géants des bombes sensuelles de la peintre Corno, originaire du Saguenay–Lac-Saint-Jean mais New-Yorkaise d'adoption, tapissent aussi régulièrement les murs de l'Opera Gallery.

115, rue Spring, Soho, entre la rue Mercer et la rue Greene

Une razzia shopping dans Soho

New York, la Mecque du shopping... oui, mais le péleri-magasinage obligé dans la *Big Apple*, c'est Soho! Ce tout petit quartier situé au sud de la rue Houston (Soho pour **so**uth of **Ho**uston) semble bénéficier d'un microclimat particulièrement favorable au développement de boutiques de designers à la déco léchée et de petites *shops* branchouilles. *Fashion victims*, *shopaholics*, friands de bons *deals*, voici quelques adresses qui vous intéresseront!

New York et ses acronymes

Soho, So-Soho, Nolita... Les New-Yorkais, reconnus pour être pragmatiques et efficaces, sont forts sur les acronymes. Partout en ville, attendez-vous à en voir et en entendre. Ils sont utilisés à toutes les sauces, et surtout pour désigner les plus récents quartiers qui ont vu le jour. Au fil des ans, l'utilisation d'acronymes est même devenue une véritable petite convention de baptême pour les secteurs venant de naître. On vous parle d'une boutique située dans So-Soho? Vous la trouverez au sud de Soho... soit au sud du sud de la rue Houston (***So**uth of **So**ho* ou ***So**uth of **So**uth of **Ho**uston*). On vous recommande un restaurant de Tribeca? Rendez-vous dans la petite pointe triangulaire qui débute juste au-dessous de la rue Canal (***tri**angle **be**low **Ca**nal Street*). Nolita? C'est le quartier qui s'étend au nord de la petite Italie (***No**rth of **Li**ttle **Ita**ly*). Et surtout, si vous allez du côté de Brooklyn, ne manquez pas de visiter le fameux Dumbo, ce secteur tout ce qu'il y a de plus *in* lové sous le viaduc qui mène au pont de Manhattan (***d**own **u**nder the **M**anhattan **B**ridge **o**verpass*). Pratico-pratiques, les New-Yorkais? Personne n'en doute!

Pour le jeune designer hot pas complètement hors de prix

Alexander Wang

Originaire de San Francisco, cet audacieux designer a choisi le nouveau et très *hype* So-Soho pour sa toute première incursion en sol new-yorkais. Dans sa belle boutique de marbre blanc, Wang tient à l'occasion des *fashion night out* qui attirent les Anna Wintour et autres grandes papesses du milieu de la mode. Heureux mélange de «chic et grunge», ses collections de prêt-à-porter pour hommes et pour femmes regorgent de manteaux de cuir, robes et tailleurs, chaussures, bottes et sacs à main. Très original.

La plupart de ses créations ne sont pas données, mais on peut y dégoter une robe t-shirt en coton déstructurée au style assez unique pour 150 $. Le personnel est un brin précieux, mais gentil. D'ailleurs, si un vendeur vous invite à vous étendre sur le long fauteuil en peluche noir suspendu comme un hamac au beau milieu du magasin, ne soyez pas offensé. C'est simplement pour vous reposer !

 103, rue Grand, So-Soho, au coin de la rue Mercer

À la recherche d'une robe de *cocktail*

Vivienne Tam

Presque en face d'Alexander Wang, juste au coin de la rue Grand, se trouve la tout aussi belle boutique de Vivienne Tam, designer chinoise, mais *big-appelienne* d'adoption. Tam est d'ailleurs considérée comme l'une des chefs de file du monde new-yorkais de la mode. Pour ses collections de prêt-à-porter pour femmes, elle peut tout aussi bien puiser son inspiration dans les styles «costumes d'opéra» que «paysan ou vagabond». Le résultat est toujours féminin et sophistiqué.

Vivienne Tam crée de belles petites robes de *cocktail* (très colorées ou sobres, selon les saisons), dont plusieurs se détaillent aux environs de 300 $. Jamais de cohue dans le magasin. L'ambiance y est tranquille; les vendeuses, pas du tout *pushy*. Pas de stress en vue!

 40, rue Mercer, So-Soho, au coin de la rue Grand

Chez Vivienne Tam.

Pour un jeans *custom*

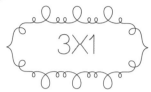

Vous cherchez depuis des lunes LE jeans qui vous ira comme un gant ? 3X1 est votre planche de salut (à condition de dilapider vos billets verts...). Véritable perle rare à New York, ce *workshop* (ou magasin-atelier) vous confectionne un jeans entièrement sur mesure. Suffit de choisir parmi la centaine de denims en magasin (dont les textures varient du chiffon de dentelle au panneau de contreplaqué), d'y agencer boutons, fermetures éclair et points de couture et allez hop ! On vous monte votre jeans pièce par pièce.

Si votre modèle de base existe déjà en boutique, vous n'attendrez qu'une quinzaine de minutes, le temps des derniers ajustements. Comme l'atelier de couture se trouve au beau milieu de la place, vous avez tout le loisir de suivre l'évolution de votre œuvre d'art. Si le jeans doit être créé du nombril jusqu'aux pieds, il faut compter quelques jours ou quelques semaines avant de pouvoir l'enfiler (3X1 s'occupe de l'expédition). De 350 $ à plus de 1 000 $ pour une paire. Autant pour hommes que pour femmes. Personnel compétent et de bon conseil.

15, rue Mercer, So-Soho

Funky et coloré

Opening Ceremony

Pour un look de jeune New-Yorkaise *fashionista* décoincée... Cette boutique avec beaucoup de gueule a été baptisée en l'honneur des cérémonies d'ouverture des Jeux olympiques et se consacre à la promotion de designers de partout sur la planète. Haut lieu de la mode avant-gardiste new-yorkaise, l'endroit est un véritable fourre-tout : la microjupe de cuir rouge flash de Chloé Sévigny y est suspendue à côté d'un gros manteau doublé kaki de style armée. Les prix sont aussi variés que les collections. Maniaque de l'ordre s'abstenir...

 35, rue Howard, Soho, entre la rue Crosby et Broadway

L'hétéroclite Opening Ceremony.

Olive and Bette's

e même style pêle-mêle que chez Opening Ceremony. Dans ce joyeux bazar éclectique qui nous vient du Vermont, les petites robes fleuries et les chandails en cachemire (environ 250 $ chacun) côtoient les chemisiers vaporeux et les jeans délavés sur des rayons à vêtements dépareillés. Zéro décoration.

Olive and Bette's vend aussi des bottes d'hiver toutes chaudes, de chouettes chaussures (envie d'une paire de ballerines roses avec de gros cœurs rouges sur le dessus ?) et des créations plus simples de designers tels que Rebecca Taylor et Nanette Leporre. Le style grano-urbain-branché à son meilleur ! Très prisé par la New-Yorkaise branchée et décomplexée dans la vingtaine.

 158, rue Spring, Soho

> **Olive and Bette's compte trois autres succursales à New York :**
> • **252, avenue Columbus**, Upper West Side
> • **1070, avenue Madison**, Upper East Side
> • **1249, 3ᵉ Avenue**, Upper East Side

Chouette adresse de la rue Spring.

Pour le corps et le teint

Space NK Apothecary

Le *pusher* officiel de l'accro au dorlotement! Des émulsions chatoyantes, des masques pour cheveux, des brumes pour le corps... Les tablettes de Space NK (pour Nicky Kinnaird, sa fondatrice) regorgent de produits aux essences tout aussi fraîches les unes que les autres. S'y promener, essayer et sentir est un pur délice!

Cette petite chaîne britannique (un brin plus haut de gamme que Sephora) offre aussi tout ce qu'il faut pour le maquillage (Laura Mercier, Nars...), même des leçons prodiguées par des *makeup artists* patientes et pédagogues dont tout l'art réside dans l'obtention d'un air naturel et pas «déguisé». De belles chandelles parfumées sont également offertes sur place.

 99, rue Greene, Soho, entre la rue Prince et la rue Spring

Space NK a deux autres adresses à Manhattan:
- **217, avenue Columbus**, Upper West Side, entre la 69e Rue et la 70e Rue
- **968, avenue Lexington**, Upper East Side, entre la 70e Rue et la 71e Rue

Se promener, essayer, sentir... un pur délice!

John Masters Organics

Pour les accros du bio, une belle petite boutique sans flaflas, située sur la tranquille rue Sullivan, un peu en retrait du brouhaha commercial de Soho. Le personnel affable prend le temps de vous expliquer les bienfaits de tous les produits fruités ou épicés qu'on y trouve et ils sont nombreux : des nettoyants pour le visage au jojoba et au ginseng, des crèmes de jour au tilleul et à la rose, des shampoings au miel et à l'hibiscus...

Les produits, sans agent chimique qui dessèche ou abîme, sont conçus par le New-Yorkais John Masters qui a ouvert son tout premier commerce *clean-air* dans Soho en 1994. Son *business* a pris de l'expansion au rythme de l'intérêt grandissant pour les produits bio. Shampoing à partir d'une quinzaine de dollars (pour un flacon de 236 ml). Mon *fix* au quotidien : le lait pour le corps à l'orange sanguine et à la vanille.

 77, rue Sullivan, Soho, entre la rue Spring et la rue Broome

Une belle petite boutique sans flaflas.

Bijoux et accessoires

Folli Follie

our les adeptes du *glitzy*. Folli Follie nous offre la brillance des bijoux grecs, mais les prix de fou en moins! Cette petite chaîne tout orangée possède un beau magasin de style galerie situé sur la rue Prince. Ses bagues et boucles d'oreille y scintillent de tous leurs feux (à compter de 75 $), tout comme ses montres serties de dorures (à partir de 250 $). On y trouve aussi de beaux sacs à main multicolores. À la fois rock et chics, les bijoux de Folli Follie sont hypoallergènes. Le personnel ultra accueillant vous offre l'expresso ou la bouteille d'eau en entrant.

 133, rue Prince, Soho

On s'y croirait dans une galerie d'art.

Les vendeurs itinérants

Soyez aux aguets au gré de votre shopping... Les vendeurs de bijoux itinérants foisonnent dans les rues de Soho. Des bagues en toc, des breloques argentées, des perles de Murano... On peut y faire de belles petites trouvailles originales pour moins de 20 $. Toujours possible de marchander, mais il faut payer comptant.

Gas Bijoux

Une belle petite boutique de Nolita qui nous amène le soleil de Saint-Tropez! Pour des créations un brin rococo et plus élaborées que chez Folli Follie, un peu plus chères aussi. Cette chaîne française tient également quelques vêtements et parfums.

 238, rue Mott, Nolita, au nord de Little Italy, juste à l'est de Soho

Gas Bijoux a deux autres succursales:
• **189, avenue Columbus**, Upper West Side, entre la 68e Rue et la 69e Rue
• **325, rue Bleecker**, West Village

Le soleil de Saint-Tropez.

Volet rose fluo sur la rue Prince : difficile à rater !

Le royaume de Louis Vuitton *vintage*.

Chanel et Vuitton *vintage* à une fraction du prix

Vous rêvez d'un tailleur Chanel ou d'un véritable sac à main Louis Vuitton sans avoir à hypothéquer votre maison? Faites un détour dans cette caserne d'Ali Baba du vêtement et accessoire griffés *vintage*. Institution new-yorkaise de la vente et de la consigne de produits de luxe usagés, A Second Chance se terre dans un petit sous-sol de la rue Prince, où les Ridolfi mère et fille vous attendent pour vous faire « épargner ».

On peut y dégoter un *jacket* en cuir Prada de la saison dernière pour 400 $. Même prix pour un petit sac Louis Vuitton Monogram authentique. Soixante-dix-neuf billets verts et vous repartez avec un carré de soie Hermès à peine défraîchi !

Adresse par excellence pour stylistes et mondaines averties... post-récession 2008 !

 155, rue Prince, Soho, entre West Broadway et la rue Thompson

1109, avenue Lexington, Upper East Side, entre la 77e Rue et la 78e Rue

L'essence de New York capturée et mise en flacons.

Une belle parfumerie art déco.

Pour les parfums

Bond No 9

Ah oui, c'est dans Soho que se trouve le magasin phare de ce célèbre fabricant de parfums new-yorkais. Pas un hasard qu'il soit situé au 9 de la rue Bond! *New Haarlem, Chinatown, Andy Warhol, Lexington Avenue...* Cette belle parfumerie art déco propose une soixantaine de fragrances, tant pour hommes que pour femmes, conçues en hommage à notre Manhattan adoré. L'énergie de New York capturée et mise en bouteilles dans des flacons originaux de forme étoilée.

Une fois dans la boutique, on nous invite à nous asseoir à une longue table de verre design sur laquelle se dressent des *testers* à l'infini. On essaie, on hume, puis on achète. J'ai fini par craquer pour *The Scent of Peace*, une fragrance créée par la Française Laurice Rahmé, fondatrice de Bond No 9, et conçue à la suite des attentats du 11 septembre 2001. (250 $ pour un flacon de 100 ml.)

 9, rue Bond, Soho

> **Bond No 9 compte quatre autres succursales à New York :**
> - **897, avenue Madison**, 73e Rue, Upper East Side
> - **680, avenue Madison**, Upper East Side, au coin de la 61e Rue
> - **399, rue Bleecker**, West Village, au coin de la 11e Rue
> - **863, rue Washington**, Meatpacking District

Un dimanche après-midi dans Upper West Side

On peut tout aussi bien y croiser le célèbre humoriste Jerry Seinfeld, l'animateur du réseau ABC George Stephanopoulos que madame *Sex and the City* en personne, Sarah Jessica Parker... L'Upper West Side, c'est le bastion des vedettes et des travailleurs des médias. Pour couler un dimanche après-midi tranquille, rien de mieux que ses belles avenues fleuries, ses petits parcs urbains et ses salles de cinéma.

Columbus Circle et ses fontaines.

Libraires et vendeurs itinérants sur l'avenue Columbus.

Columbus Circle

Ma «porte d'entrée» préférée! Ce superbe carrefour giratoire a beau nous plonger au cœur d'un trafic fou, le bruit de ses incalculables fontaines enterre le vacarme des taxis jaunes et des bus de touristes. Levez les yeux vers le sud... L'immense panneau publicitaire de CNN nous informe en tout temps de l'heure et de la météo. L'été, les fleurs de Columbus Circle sont magnifiques; l'hiver, les décorations de Noël fééyriques.

 Au coin de la 59ᵉ Rue Ouest et de l'avenue Central Park Ouest

Avenue Columbus

Idéal pour prendre le pouls du quartier! Y déambuler est pour moi un pur plaisir. Des marchands de fleurs, des boutiques à la mode et des terrasses trippantes... c'est pas compliqué: sur l'avenue Columbus j'ai le goût de m'accrocher les pieds partout! Les nombreux et fiers promeneurs de fox-terriers, yorkshires et autres espèces canines – généralement hors de prix – y défilent comme des top modèles sur un podium. L'artère regorge aussi de petits cafés du coin, de libraires et de vendeurs itinérants.

 Avenue Columbus, à partir de la 66ᵉ Rue Ouest

Épicerie Boulud

E nvie d'un gelato ou d'un sandwich sur le pouce? Arrêt obligatoire à ce comptoir à pique-nique de luxe, gracieuseté du renommé Daniel Boulud. Pas étonnant que ce chef français soit à la tête d'un véritable petit empire culinaire à New York: tout ce qu'il touche se transforme en *must*! Belles tables hautes, bars à café, abondantes pâtisseries... Mon petit rituel favori ici: m'attabler debout au bar avec mon amoureux pour siffler un ballon de rouge devant une assiette de charcuteries. Délicieux et chic (mais on n'y va pas pour le café, plutôt médiocre). Très, très Upper West Side!

1900, Broadway, Upper West Side, au coin de la 64e Rue Ouest

$-$$

Vous trouverez aussi, tout à côté, le bar Boulud et le Boulud Sud, un resto méditerranéen.

Pause détente en agréabel compagnie à l'Épicerie Boulud

Bistro Cassis

'heure et la météo sont propices au rosé en terrasse? C'est au bistro Cassis qu'il faut s'arrêter! Ses tables et ses chaises en rotin beige et rouge nous téléportent sur-le-champ dans la campagne française. Personnel courtois; service pas un brin prétentieux. Comme la terrasse est ouverte même tard à l'automne, les chandails, mitaines et bonnets de laine se fondent parfaitement au paysage!

 225, avenue Columbus, Upper West Side, entre la 70ᵉ Rue Ouest et la 71ᵉ Rue Ouest

 Tél.: 212-579-3966

$$-$$$

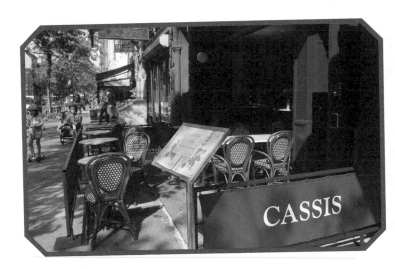

La terrasse du Bistro Cassis avant l'heure de l'apéro.

Un peu de calme à la Hearst Plaza.

L'imposante fontaine érigée à l'entrée du Lincoln Center.

Hearst Plaza

Pas besoin de se ruiner dans un billet au Met Opera pour profiter des majestueuses installations du Lincoln Center! Suffit d'une halte à la Hearst Plaza, petite alcôve à l'architecture ultra moderne, et à l'entrée gratuite! Pour notre bon plaisir, une terrasse ensablée, un bassin d'eau design et une pelouse gazonnée en pente sur laquelle on a tout le loisir de s'étendre. Ambiance relaxe assurée, à condition de ne pas s'y pointer pendant le Fashion Week, alors que d'ambitieuses minettes en microjupes et talons vertigineux transforment cette petite oasis en chef-lieu du *Networking*.

 Au coin de Broadway et de la 64ᵉ Rue Ouest: une fois dans l'entrée du Lincoln Center, dirigez-vous au nord-ouest de la fontaine

On peut aussi y accéder par un escalier situé sur la 65ᵉ Rue, en face de la fameuse école d'arts Juilliard School.

Films et
documentaires
à l'affiche au
cinéma Lincoln.

Un peu de cinéma

Si le dernier film de Woody Allen vous intéresse, direction le cinéma Lincoln Plaza, où il est aussi possible de découvrir les plus récents cinéastes en ascension. Ce petit cinéma répertoire tranche avec les mégacomplexes cinématographiques : quelques petites salles, et pas toujours bondées. Un de mes souvenirs mémorables au Lincoln : en septembre 2010, j'ai assisté à la première de l'excellent documentaire *Client #9* sur la tombée en disgrâce de l'ancien gouverneur de l'État de New York, Eliot Spitzer, pour scandale sexuel. Après la représentation, le réalisateur, Alex Gibney, présent dans la salle, s'était livré à une période de questions-réponses avec le public. Tout simplement fascinant !

 1886, Broadway, entre la 62e Rue Ouest et la 63e Rue Ouest

Dans la même veine, la Film Society of Lincoln Center propose deux petits bijoux d'adresses, juste en face de la célèbre école Juilliard.
• **144, 65e Rue Ouest**
• **165, 65e Rue Ouest**

Les friands de blockbusters peuvent se rabattre sur le **AMC Loews Lincoln Square 13**, situé à quelques rues de là, au **1998, Broadway** (au coin de la 68e Rue Ouest).

Que l'on flâne sur Broadway, sur Columbus ou sur Amsterdam, on a l'embarras du choix, tout comme dans les petites rues que l'on croise au passage. Voici tout de même quatre adresses où je clôture presque immanquablement mes balades du dimanche après-midi.

Patsy's Pizzeria

U ne coquette et rustique pizzeria sur feu de bois, tout ce qu'il y a de plus familiale. Comme ce resto de quartier existe depuis des lunes dans Upper West Side, il est souvent assailli par papi-mammi-papa-maman-fiston-fifille-tonton-tontine. Libre à vous de créer votre pizza à partir d'une variété quasi infinie de garnitures.

 61, 74e Rue Ouest, entre l'avenue Columbus et l'avenue Central Park Ouest

Tél.: 212-579-3000

$-$$

Pomodoro Rosso

Ses nappes à carreaux rouge et blanc et ses papiers peints de faux paysages siciliens me font sourire à tout coup. Un peu kitsch, mais tellement *cute*! L'entrée de délicieux calmars frits est assez généreuse pour deux personnes. Les gnocchis maison, servis dans un gros bol, sont absolument succulents. On peut aussi opter pour l'osso buco, jamais décevant. Service amical. Ambiance chaleureuse. Pas besoin de réserver. (Excellent rapport qualité-prix, soit environ 40 $ par personne, incluant le vin.)

229, avenue Columbus, entre la 70e Rue Ouest et la 71e Rue Ouest

Tél.: 212-721-3009

$$

Le Pomodoro Rosso et ses fameuses nappes à carreaux!

115

Café Luxembourg

Un classique bistro français toujours bondé d'une clientèle d'habitués. Atmosphère animée sous un éclairage tamisé juste à point. Le steak-frites fait la renommée de la maison, mais les salades, les poissons et le cassoulet sont également délicieux. Un dimanche soir, j'y ai aperçu le très bel acteur Liam Neeson, attablé seul dans un coin. Il s'est fait tout discret, et personne n'est venu l'importuner... Typiquement New York, une ville où les vedettes peuvent sortir sans se faire harceler. Il est préférable de réserver. (Environ 60 $ par personne, incluant le vin.)

200, 70e Rue Ouest, juste à l'ouest de l'avenue Amsterdam

Tél. : 212-873-7411

$$$

Jalapeño

Petit espace, tables collées les unes sur les autres et grande simplicité. Un cône de nachos avec sauces, piquante et aigre-douce, nous est gracieusement offert dès notre arrivée. Tortillas, tostadas et enchiladas y sont savoureuses et les prix, plus que raisonnables. Ma halte préférée pour un éno-o-o-rme burrito arrosé d'une belle et bonne sangria colorée. Santé! (Environ 30 $ par personne, incluant une consommation.)

185, avenue Columbus, entre la 68ᵉ Rue Ouest et la 69ᵉ Rue Ouest

Tél.: 212-877-7800

$$

On se croirait presque au Mexique!

L'*afternoon tea*

New York et son éternelle folie ambiante...
Besoin d'un refuge le temps d'une heure
ou deux? Comme de petits havres de paix
pour initiés, les salons de thé sont aux antipodes des restos bondés et assourdissants.
M'y évader en plein après-midi me procure
le sentiment d'être ailleurs que dans la
city that never sleeps (and never relaxes...).

Russian Tea Room

L'institution en la matière! Ouvert dans Midtown en 1927 par des danseurs des Ballets russes ayant fui la révolution bolchevique, le *Russian* a conservé intacts ses airs de noblesse. Sa décoration ultra chargée et ses banquettes rouge écarlates nous transportent dans une époque où portables et BlackBerry étaient encore bien loin de leurs premiers balbutiements. Si bien que j'y perds le réflexe de les dégainer à tout bout de champ. Un exploit dans mon cas, comme pour pas mal de New-Yorkais d'ailleurs! Ambiance feutrée. La musique tsigane en sourdine laisse place aux tintements de la porcelaine. Comme le personnel nous chuchote le menu à l'oreille: on s'y surprend à bavarder sur le ton de la confidence.

Les plateaux sont montés d'abondants sandwichs et blinis. Nourriture délicieuse. Clientèle «mature»… et un brin impériale! (50$ par personne, 75$ pour le *tea and champagne*.)

 150, 57ᵉ Rue Ouest, Midtown, porte voisine du majestueux Carnegie Hall

 $$$

Photo courtoisie Russian Tea Room

Majestueux et impérial, le Russian Tea Room.

Palm Court

Pour un thé luxuriant! Il faut dire qu'on est au chic hôtel Plaza, juste au coin de Central Park, une des adresses les plus prestigieuses de New York. Au Palm Court, verdure, longues colonnes blanches et argenterie nous font perdre la notion du temps (et des billets verts qu'on y dépense...). Confortablement calé dans un fauteuil de style princier, on y étire ses scones et thés sucrés au miel aussi longtemps qu'on le désire.

Côté étiquette? Pas de stress en vue! Que l'on verse le thé un peu trop haut au-dessus de la tasse ou un peu à côté, même la belle-madame-d'Upper-East-Side à la table du coin ne semble pas trop s'en formaliser. Comme le personnel n'est pas débordé de travail, il prend le temps de nous causer. Tout ce tralala nous porte à manger plus lentement, tout comme les airs *new age* qui montent du piano à queue. Archi chichi-chic-ma-chère, mais très relaxant! (50 $ par personne pour *the classic afternoon tea.*)

 5ᵉ Avenue, Midtown, au coin de **Central Park Sud**

 **$$$**

Le luxuriant Palm Court.

Photo courtoisie RPalm Court

121

Le *crepe cake* à la crème fraîche... mémorable !

Le charmant hôtel-boutique The Inn.

Lady Mendl's

Sûrement le thé le plus romantique en ville! Situé dans le charmant hôtel-boutique The Inn at Irving Place dans le non moins charmant quartier Gramercy Park, le Lady Mendl's semble tout désigné pour un après-midi en tête-à-tête. Architecture victorienne élégante, éclairage tamisé par des dizaines de chandelles, des airs d'Édith Piaf et de la belle époque des cabarets agrémentent le menu cinq services.

Doigts de sandwichs bien frais et à volonté, infusions servies avec gingembre confit givré. Le gâteau de crêpes (*crepe cake*) à la crème fraîche contribuent à rendre l'*afternoon tea* du Lady Mendl's tout simplement inoubliable. Il faut réserver. (Environ 35$ par personne.)

 56, Irving Place, Gramercy Park

 Tél.: 212-533-4466

 $$

We are all set!

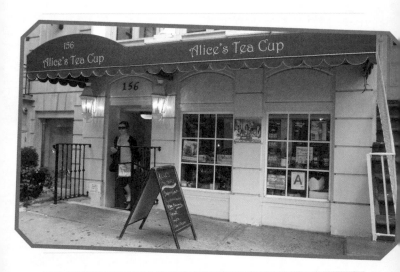

Coquette adresse d'Upper East Side.

Alice's Tea Cup

'ambiance du beau quartier d'Upper East Side servi dans notre tasse. Alice est toute coquette et a visiblement un penchant pour les papillons. Sur les murs, les rampes d'escalier et même le couvercle des théières, partout, ils tapissent les lieux. On s'y sent d'ailleurs un peu comme à la campagne.

Le menu nous propose des dizaines de thés aux herbes ou aux fruits, présentés selon leur pays d'origine. Les sandwichs au saumon fumé, tout comme les scones servis bien chauds, sont absolument délicieux. Les après-midi, en semaine, des *stay at home moms* du quartier viennent s'y dépayser et s'y détendre avec leur mignonne progéniture. (Environ 20 $ pour une petite théière et deux scones.)

 156, 64e Rue Est, Upper East Side

Alice's Tea Cup a deux autres adresses dans Manhattan :
• **220, 81e Rue Est**, Upper East Side
• **102, 73e Rue Ouest**, Upper West Side

 $$

Tea and Sympathy

Allergique au grano look s'abstenir! Chez Tea and Sympathy, tout est déglingué: les planchers de bois n'ont plus de vernis depuis des lunes, les nappes en plastique fleuries sont toutes racornies, les petites tables craquent de partout… Tout ça dans un secteur plutôt vieillot du West Village!

Ce minuscule salon de thé a tout de même le mérite d'offrir une infusion veloutée (à presque tous les parfums possibles) et deux très bons scones avec confiture et fromage à la crème pour une dizaine de dollars seulement. Pas de goût amer pour le porte-monnaie en vue!

 108, avenue Greenwich, West Village

 $

Un brin défraîchi, mais sympathique et délicieux!

Radiance Tea House and Books

Mettre le pied au Radiance Tea House, c'est instantanément s'arracher aux bruits de la ville (particulièrement intenses aussi près de la grouillante avenue Broadway). Sa décoration sans flaflas et sa musique aux parfums d'Orient contribuent à rendre l'ambiance tout à fait zen. Tisane calmante aux boutons de rose? Thé vert japonais parfumé aux flocons de riz rôtis? Seul moment de tension appréhendé ici: lequel choisir parmi plus de deux cents thés...

On nous sert l'infusion dans un mignon gobelet contenant deux ou trois lampées pas plus. Le thé reste ainsi toujours chaud dans sa théière. On a tout le loisir de le siroter mollement, plongé dans notre bouquin préféré. (Infusion à compter de 7$.)

 158, 55ᵉ Rue Ouest, Midtown

 $$

Une fois le thé et le temps étirés jusqu'à la dernière goutte, le temps est venu de se redonner en pâture aux rues de Manhattan et à son enfer dément...

Chouettes cafés et chics apéros !

Pas vraiment envie d'un café de chez Starbucks ou d'un drink dans un bar de Times Square? Alors, allons-y pour quelques petites trouvailles un peu plus exotiques...

Doma

Pour s'imprégner de l'ambiance bohème jadis si typique du West Village. Doma contient une dizaine de tables et deux petits comptoirs tout au plus, aménagés dans un décor tout simple: planchers et tables de bois ceinturés de murs de briques. Les week-ends, l'endroit est souvent bondé d'artistes qui y coulent des heures paisibles le nez plongé dans un bouquin, en sirotant de beaux gros cafés au lait accompagnés de sandwichs et de salades santé. Chez Doma, on revisite aussi les vieux succès de Nora Jones, originaire de New York.

 17, rue Perry, au coin de la rue Waverly et de la 7e Avenue, West Village

Après-midi paisible chez Doma.

Fika

Ce charmant petit café suédois est situé juste assez en retrait de la grouillante et parfois exténuante 5e Avenue. En plus des cappuccinos et des latte hyperonctueux, on y déguste une variété de produits fins faits sur place: biscuits, croissants, chocolats et truffes à la liqueur. La *chocolate ball*, qui me rappelle un dessert de ma mère, est succulente et à 2$ seulement. Comme Fika se trouve aussi à un jet de pierre de Central Park, il est parfait pour faire le plein de caféine avant ou après une balade dans le parc.

 41, 58e Rue Ouest, Midtown,
entre la 5e Avenue et la 6e Avenue

Fika a deux autres adresses dans Manhattan:
• **407, Park Avenue**, Flatiron District,
   entre la 28e Rue Ouest et 29e Rue Ouest
• **66, rue Pearl**, Financial District,
   près de la rue Broad

Arrêt-caféine avant la balade dans Central Park.

Pignon sur la
6e Avenue.

Une pause-café dans un décor de librairie !

Zibetto

Chez Zibetto, ça se goûte: les *baristas* sont maîtres dans l'art du café! Ce minuscule bar à expresso propose aussi paninis, croissants, yogourts et tartelettes aux fruits. On consomme debout devant le comptoir en marbre blanc – plutôt chic! – ou on commande pour emporter. Idéal pour une halte café entre une visite au MoMA et une autre au Musée américain d'histoire naturelle.

 1385, 6ᵉ Avenue, Midtown, près de la 56ᵉ Rue Ouest

L'Espresso

Ici, on prend la pause-café dans un décor de librairie puisque, partout sur les murs, les papiers peints représentent des rangées et des rangées de livres... Plutôt original! Non seulement L'Espresso est beau et design, mais les machiattos et autres y sont exactement-comme-on-les-aime: le café juste assez tassé, le lait juste assez en mousse. Sandwichs et pâtisseries bien frais peuvent également être consommés sur place. Tout près de la magnifique gare Grand Central, une des perles architecturales new-yorkaises.

 317, avenue Madison, Midtown, on entre par la 42ᵉ Rue

Ten Bells : sombre, mais ô combien charmant !

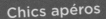

Ten Bells

Ten Bells, c'était le nom du pub où Jack l'Éventreur rencontrait ses victimes… Ce n'est peut-être pas un hasard si on s'y croit dans un bar d'époque d'un lugubre et brumeux quartier de Londres. Le décor et ses meubles de boiserie sont charmants, mais le bar est tellement sombre que lire l'infinie liste de vins au verre écrite en pattes de mouche sur le mur relève de l'exploit ! Heureusement, les serveurs, plutôt sympathiques, nous proposent gentiment une séance de *wine tasting*. Ils nous font donc goûter quelques vins, histoire de guider notre choix. On y déguste aussi d'excellentes tapas et charcuteries. Détail non négligeable : la majorité des vins offerts sont entièrement naturels, donc pas de mal de bloc en vue ! (À partir de 7 $ le verre.)

 247, rue Broome, Lower East Side, près de la rue Orchard

Morrell Wine Bar & Café

Chez Morrell, on prend l'apéro touristique! Situé directement sur Rockefeller Plaza, ce petit bar offre une vue imprenable sur la grande terrasse ceinturée des drapeaux de nombreuses nations, l'un des sites emblématiques de New York. L'hiver, la patinoire Rockefeller et le fameux sapin de Noël sont littéralement à nos pieds. Morrell tient une variété impressionnante de vins au verre à des prix plutôt raisonnables pour le site. L'atmosphère est généralement hyper animée; l'endroit souvent bondé. Au mieux, on trouve une place au bar. Sinon, on reste debout, devant la fenêtre. Pas décevant! (À partir de 8$ le verre.)

1, Rockefeller Plaza

Le bar de chez Morrell et sa fenêtre qui s'ouvre sur Rockefeller Plaza.

Knave

Entre la jungle touristique de Times Square et le très fréquenté Central Park, voici une petite alcôve avec beaucoup de gueule! Situé dans le luxueux hôtel Parker Méridien, le Knave nous permet de relaxer dans un décor luxuriant agrémenté de beaux grands fauteuils confortables, de plafonniers et de vitraux rouges chatoyants. Les cocktails faits de prosecco, de champagne, de rhum ou de vodka font saliver avant même la première gorgée. On peut aussi plus simplement y prendre une bière ou un verre de vin. L'apéro – qui n'est pas dans les moins chers de Manhattan – nous est servi avec un superbe plateau d'olives frites, de noix mélangées et d'amandes offert par la maison. C'est au moins ça! (16 $ pour un cocktail, environ 10 $ pour une bière.)

 118, 57e Rue Ouest, Midtown, entre la 6e Avenue et la 7e Avenue

Knave : une petite alcôve au rouge chatoyant.

Plunge

Pour un autre «drink avec vue», mais dans une ambiance un peu plus tranquille. Le Plunge est situé sur le toit de l'hôtel Gansevoort, toujours dans le Meatpacking District. Ce très beau bar *lounge* offre une terrasse extérieure qui donne sur l'Hudson. Clientèle urbaine m'as-tu-vu, mais on s'attarde surtout au sublime panorama de Manhattan. (Une quinzaine de dollars pour un *drink* standard.)

 18, 9ᵉ Rue, Meatpacking District

Page Six du New York Post

Page Six est le titre de la chronique de potins publiée quotidiennement dans le *New York Post* (un des plus vieux et des plus populaires journaux des États-Unis). Cette section, riche en photos, nous informe entre autres des allées et venues des vedettes locales ou hollywoodiennes qui débarquent en ville: Madonna, qui apporte son vin et ses verres de cristal dans une pizzeria de l'Upper East Side, Lindsay Lohan, aperçue ivre dans un bar *in* de Chelsea, Jennifer Aniston, en train de *shopper* des apparts à vendre dans Soho... Une véritable petite mine d'or pour les friands de *gossip*. Avis à ceux et celles qui veulent constater *de visu*: *Page Six* ne se retrouve pas nécessairement à la page 6 du tabloïd, mais peut être publiée n'importe où dans ses pages. *Go figure...* C'est New York!

Boom Boom Room

Pour le top apéro au top de New York! Boom Boom Room est perché au penthouse du très glam hôtel-boutique Standard, dans le Meatpacking District. À peine arrivé au 18e étage, l'ascenseur s'ouvre sur une vue de tout Manhattan à couper le souffle. D'un côté, on sirote un cosmo (attention, il frappe plutôt fort) l'Hudson à nos pieds; de l'autre, on étire une vodka martini devant la ligne d'horizon des Empire State Building et compagnie. La déco, qui marie rétro et moderne, est un brin décadente: des banquettes crème, des foyers et des chandeliers dorés. Comme le Boom Boom Room défraie régulièrement la manchette de la fameuse *Page Six* du *New York Post,* il fait office de Studio 54 des années 2010. Les prix des consommations sont aussi élevés que l'altitude à laquelle on les boit (environ 20 $ pour un cocktail), mais un tel panorama, qui nous suit jusque dans les salles de bain, doit bien se payer!

 848, rue Washington, Meatpacking District

Bar avec vue et ambiance.

Se faire dorloter

New York, capitale de la mode, bastion des nouvelles tendances... Évidemment, ce ne sont pas les salons branchés et les spas à la mode qui manquent. J'ai préféré prendre mes habitudes dans des établissements qui sont loin du dernier truc archisnob et hors de prix!

Changement de look avec vue !

Le Salon B. And b. dans Midtown.

Bumble and bumble
(soins capillaires)

Le salon de coiffure *in* new-yorkais comme on l'imagine! Bumble and bumble a établi ses quartiers aux septième et huitième étages d'un ancien entrepôt du Meatpacking District transformé en loft. Plafonds hauts, murs blancs et vastes fenêtres aèrent les lieux, même lorsqu'ils sont bondés. D'un côté du salon, on change de look en admirant les typiques immeubles en briques rouges de Chelsea, et de l'autre, en méditant sur l'Hudson. Stylistes et coloristes n'y jouent pas trop à la star (un fait à souligner à New York). Pour économiser, on demande à voir un coiffeur *junior* (ses tarifs sont moins élevés). Il faut compter au moins 100 $ pour une coupe et une mise en plis, et plus de 200 $ pour une coloration ou des mèches, avant pourboire.

Toute la gamme de produits Bumble and bumble est disponible sur place.

 415, 13ᵉ Rue Ouest, Meatpacking District, 8ᵉ étage, entre la 9ᵉ Avenue et la rue Washington

Bumble and bumble a une autre succursale dans Midtown :
• **146, 56ᵉ Rue Est**, entre l'avenue Lexington et la 3ᵉ Avenue

 Tél. : 212-521-6500
Un seul numéro pour les deux succursales.

Redken... dans toutes ses versions !

Bonne marque, chic adresse de la 5ᵉ Avenue.

Redken Gallerie
(produits capillaires)

L a Mecque du produit Redken ! Ce grossiste en soins capillaires a pignon sur rue sur la 5ᵉ Avenue et offre une flopée de shampoings, après-shampoings, gels, huiles... à des prix très compétitifs. Séchoirs, brosses, fers et autre équipement *high-tech* sont aussi en vente sur place. La Redken Gallerie est très prisée des coiffeurs et des professionnels de la mode, mais elle est aussi ouverte au public. J'en ressors généralement avec des provisions pour les mois à venir et tout plein d'échantillons gratuits !

 565, 5ᵉ Avenue, Midtown, près de la 46ᵉ Rue

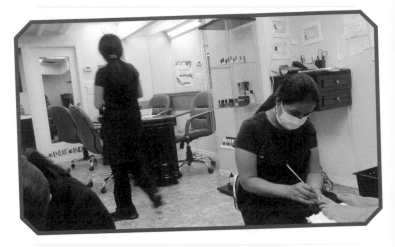

Les compétentes manucures du Jéan Leon Salon à l'œuvre.

Aux antipodes de l'adresse snobinarde...

Jéan Leon Salon
(manucure et pédicure)

Aux antipodes de l'adresse snobinarde où le personnel vous regarde de haut (et ruine votre porte-monnaie en un rendez-vous). En fait, Jean Leon Salon est d'une simplicité désarmante. Ça se sent dès qu'on y met les pieds. Les soins manucure-pédicure sont offerts au sous-sol par Maria, Lidia et Anita, de compétentes Équatoriennes dont l'éternel sourire compense pour l'équipement qui n'est pas dernier cri. Clientèle de New-Yorkaises affairées littéralement scotchées à leur BlackBerry ou iPhone tant et aussi longtemps que leurs orteils se font pouponner! C'est préférable de réserver. (Pédicure complet avec massage de pieds et pose d'ongles – qui tiennent pendant des semaines – pour moins de 30 $.)

 960, 3e Avenue, Midtown, entre la 57e Rue Est et la 58e Rue Est

 Tél.: 212-888-0052

À deux pas de l'hôtel Plaza.

Un décor qui porte à la détente.

Think Pink
(manucure et pédicure)

Pour un peu plus de luxe et l'ambiance de la 5e Avenue. Think Pink, à deux pas de l'hôtel Plaza, offre des soins pour les mains et les pieds, mais aussi pour le visage et le corps en variations multiples sur le thème de la beauté. Petit et *cosy*, son décor tout en crème porte à la détente. Atout non négligeable : Think Pink est *walk-in* – autrement dit, pas besoin de prendre rendez-vous, suffit de s'y présenter. Les soins sont offerts par d'affables Asiatiques qui terminent toujours la séance par un relaxant massage des épaules. Côté prix, ce n'est pas donné, mais pas extrêmement cher non plus étant donné ce secteur chic de la 5e Avenue. (Environ 20 $ pour une manucure simple.)

 41, 58e Rue Ouest, Midtown,
entre la 5e Avenue et la 6e Avenue

Le belle et filliforme
Tara Stiles à l'œuvre.

Une séance de Strala yoga.

Strala Yoga

U n beau grand studio baigné de lumière et une méthode mise au point par Tara Stiles, ex-mannequin professionnelle devenue grande gourou des vedettes. Au studio Strala, pas de «ohm» ni d'autres incantations divines. On s'y livre plutôt à des séries de routines exigeantes, exécutées en synchronisme avec la respiration. «Lorsque l'exercice devient facile, l'esprit devient calme», m'a gentiment expliqué la belle et filiforme Tara en entrevue. «C'est ainsi que le yoga devient l'fun!»

Sessions de groupe au programme, du matin jusqu'au soir, du lundi au dimanche, au son du rock alternatif d'Eddy Vebber. Pas besoin d'abonnement, vous n'avez qu'à vous pointer et le tour est joué! À des kilomètres des studios prisés des belles-madames-vêtues-du-dernier-kit-Donna-Karen... (Environ 10 $ la séance d'une heure.)

 632, Broadway, 6e étage, dans le très hype quartier Noho, entre la rue Houston et la rue Bleecker

 Tél.: 917-488-7195

On peut choisir une séance de base, énergique ou relaxante, selon l'horaire : www.stralayoga.com/schedule

Asia Tui Na Wholeness
(massage)

Un centre qui ne paie pas de mine, mais qu'est-ce que ces traitements sont efficaces! Spécialité ici: le *tui na*, technique de massage empruntée à la médecine traditionnelle chinoise qui combine le frottement des muscles et la pression des points d'acupuncture. En plus de nous calmer le pompon, elle promet de soulager les maux de dos et autres douleurs chroniques. Le personnel du Wholeness – entièrement féminin et asiatique – nous reçoit sans cérémonie.

«*What'ch-you-naaame?*» nous dégaine la réceptionniste sur le ton d'une matrone d'un camp de détention nord-coréen. Les thérapeutes qui le pratiquent, dont la plupart ne parlent pas un traître mot d'anglais, ont étudié pendant quelques années pour maîtriser l'art du tui na. Livrée en pâture à leurs mains et à leurs paumes de fer, ça se ressent: elles savent ce qu'elles font. Aoutchch... mais en bout de ligne ça fait du bien!

 37, 28ᵉ Rue Est, bureau 800, Flatiron District, entre l'avenue Madison et Park Avenue

 Tél.: 212-686-8082

On peut également recevoir un massage tui na dans de petites boutiques *walk-in* du Chinatown, de Soho et de Tribeca. Mais attention: les fins d'après-midi en semaine, joggeuses en molletonné et hommes d'affaires en complet cravate prennent d'assaut les lieux et il n'y a pas toujours de place. Tarifs imbattables pour la *Big Apple*. (30$ pour 30 minutes, 45$ pour 45 minutes...)

Spa at Trump
(spa)

Le temple de la relaxation version mégalo-Donald-Trump! «Prenez l'ascenseur et montez au septième étage», vous indique le préposé à la réception du luxueux hôtel Trump, dans Soho. Purement le fruit du hasard ou tout à fait à dessein? Toujours est-il qu'entrer au Spa at Trump, c'est comme arriver au septième ciel! Aire d'accueil d'un blanc épuré et mur de fontaines, le spa a été conçu par la firme d'architectes Di Giuseppe, qui collectionne les reconnaissances dans le monde du design. Élégance contemporaine et ambiance zen à souhait.

Le principal fait d'arme du Spa at Trump est d'offrir des hammams «individualisés», avec un thérapeute attitré, dont l'accent d'Europe de l'Est ajoute à l'exotisme. Il vaut mieux s'informer des prix au préalable pour éviter que l'«expérience exquise» que nous promet la publicité ne se transforme en «traumatisme extrême»...

 246, rue Spring, à la frontière entre Soho et Tribeca

 Tél.: 877-828-7080

Photo courtoisie Spa at Trump.

AMBASSADOR

CHICAGO

Sortir sur Broadway

L'irrévérencieux *Book of Mormon*, la méga-production *Spider Man*, la très attendue *Evita*, coproduite par le Montréalais Adam Blanshay, *Anything Goes*, *Adam Family* et autres classiques indémodables… Broadway et ses théâtres d'époque : le cœur et les poumons du *show-business* new-yorkais ! Envie d'une incursion dans l'œil du cyclone artistique *big-appelien* ? Voici quelques trucs pour dénicher des billets, dont certains pas trop chers.

Par Internet

Theater Development Fund (TDF)

Vous êtes étudiant, professeur, retraité, artiste ou bénévole au sein d'un organisme à but non lucratif? TDF peut vous faire épargner jusqu'à 70 % du prix de vos billets. On y dégote des rabais archi alléchants, mais il faut absolument appartenir à l'une des catégories mentionnées et devenir membre (au coût d'une trentaine de dollars par année). Pour peu qu'on fasse un voyage culturel à New York plus d'une fois par année, ça vaut vraiment la peine.

 **http://tdf.org**

Playbill

Playbill offre des billets jusqu'à la moitié du prix habituel tant pour les spectacles de Broadway et d'off-Broadway que pour les théâtres pour enfants. Il faut aussi être membre, mais c'est gratuit. On joint le Playbill Club en cliquant en haut et à gauche sur la page du site.

www.playbill.com

Pour les étudiants et autres amateurs dont le budget est plus petit, Playbill propose périodiquement des «loteries». Ce système permet d'assister à de très bonnes pièces pour seulement 25 $ à 35 $ le billet. Il faut répondre à certaines conditions.

**www.playbill.com/celebritybuzz/article/
82428-Broadway-Rush-Lottery-and-Standing-
Room-Only-Policies**

Ticket telecharge

Ce site offre des promotions pour les jours, les semaines et les mois à venir. Il suffit de faire affaires
une première fois avec Ticket telecharge et on se
retrouve automatiquement sur sa liste de destina-
taires. Si on planifie son voyage à l'avance, ce site
peut être intéressant.

○ **http://telecharge.com/**

Deux autres sites à visiter

○ **www.theatermania.com/broadway/
discount-tickets**

○ **www.broadway.com**

Is rôdent autour des théâtres, mais pour transiger
avec eux plus efficacement, on va sur StubHub,
haut lieu de rencontre en ligne pour acheteurs
et revendeurs de billets de toutes sortes. Ce site
Web permet, entre autres, de mettre la main
sur des denrées rares (comme des sièges pour
le *Book of Mormon*, pratiquement impossibles à
trouver autrement). On achète en ligne, puis on
reçoit nos billets par courrier ou courriel. On peut
aussi aller les cueillir directement aux bureaux de
StubHub, sur Times Square.

 1440, Broadway, près de la 40ᵉ Rue

○ **www.stubhub.com**

L'entrée du Theatre Cort sur la 48e Rue.

Le comptoir TKTS pris d'assaut par des *theatre-goers*.

Directement au guichet

Vous êtes à la dernière minute et voulez voir un spectacle en particulier? Présentez-vous directement au *Box Office* du théâtre où est présentée la production. Si vous êtes chanceux, des billets seront encore disponibles. Si vous êtes doublement chanceux, ils seront offerts à prix réduit, mais ça, c'est plus rare... J'ai eu cette chance au moment d'acheter un billet pour l'excellente comédie musicale *How to Succeed in Business without Really Trying*, mettant en vedette le très talentueux Daniel Radcliff (Harry Potter lui-même!). Un siège «premium» situé juste au centre, dans la troisième rangée, et qui ne m'a coûté que la moitié du prix habituel.

Par le comptoir TKTS

Vous avez simplement envie de voir une pièce ou une comédie musicale sur Broadway, mais aucune en particulier? Le fameux comptoir TKTS écoule à prix réduit (entre 30 % et 50 % moins cher) de très bons billets quelques heures avant les représentations. Suffit d'y faire la file. Une fois à la billetterie, on voit quelles pièces sont disponibles et lesquelles offrent les meilleures places. Au TKTS, j'ai pu mettre la main sur de très bons billets pour *Billy Elliot* et d'autres comédies musicales prisées.

 Au coin de la 47ᵉ Rue et de l'avenue Broadway, en plein cœur de Times Square

Un verre avant ou après le spectacle?

Paramount Bar

Situé dans l'hôtel Paramount, jadis joyau de Broadway. On y étire des cocktails Red Velvet, des Gotham Manhattan ou des Disco Punch sur de belles banquettes rouges dans un éclairage tamisé par de riches lustres en cristal. Comme la musique ne joue pas à tue-tête, on n'a pas à s'époumoner pour faire la conversation. Les murs très sombres dévoilent de magnifiques photos géantes en noir et blanc des Brigitte Bardot, Clark Gable et Gary Cooper... Une ode aux *glam* des années 1950 et à la royauté hollywoodienne. Feutré et tranquille. Un petit bar que j'adore!

◎ **235, 46e Rue Ouest**, Times Square

Le visage géant de Brigitte Bardot dans l'ambiance feutrée du bar Paramount.

Living Room

Pour une ambiance pas mal plus endiablée, direction Hôtel W (celui sur Broadway dans Times Square, bien sûr). Comme le bar est situé au septième étage de l'immeuble, on prend l'ascenseur dans le chic *lobby* et il nous téléporte dans une jungle où se confondent touristes, locaux et dragueurs de toutes sortes. La carte des Cosmos, Lychee Martinis et Raspberry Mojitos s'étire jusqu'à plus soif. Belles lampes blanc crème sur pied en inox et filles-décolletées-presque-au-nombril agrémentent le décor. Pas décevant pour la gent masculine.

 1567, Broadway, on entre par la 47e Rue, Times Square

La faune du Living Room.

Une fringale avant ou après le spectacle?

Becco

Le *must* dans le secteur, c'est l'hyper chouette Becco! Cette petite perle culinaire *broad-wayienne*, située au cœur du *restaurant row*, est la propriété de Lidia Bastianich, la Julia Child de l'Italie. Le menu offre en tout temps un trio de pâtes à volonté absolument délicieuses et une carte des vins... à 25$ la bouteille (véritable aubaine pour la Grosse Pomme). Chaude recommandation pour ceux qui n'ont pas le goût des tortellinis-agnelis-fusillis: les *peperoni ripieni*, servis sur des *spaetzle* croustillants (mon plat de prédilection lors de mes innombrables soirées *becco-iennes*). Attention, comme Becco est éternellement bondé d'une joyeuse clientèle de *theatregoers*, il est impératif de réserver. (Environ 40$ par personne, incluant le vin.)

355, 46e Rue Ouest, entre la 8e Avenue et la 9e Avenue, Time Square

Tél.: 212-397-7597

$$

Becco: petite perle culinaire du *restaurant row*!

Brazil Brazil Grill

Si c'est *solid booked* chez Becco, vous pouvez toujours vous rabattre sur le Brazil Brazil Grill, situé de l'autre côté de la rue (juste en biais de chez Becco en marchant vers la 8ᵉ Avenue). Ce resto brésilien sert des steaks de bœuf et du porc grillés et marinés juste à point en portions «américaines» (c'est-à-dire énormes). Décor bric-à-brac sans style, mais bouffe délicieuse. L'accent des Québécois, lesquels sont inexplicablement très nombreux chez Brazil, se mêle à l'anglais-couleur-portugais des superbes serveuses. Le personnel est particulièrement aimable et les prix très raisonnables *Enjoy!* (Environ 40 $ par personne.)

📍 **330, 46ᵉ Rue Ouest**, Times Square

📞 **Tél.: 212-957-4300**

🍴 **$$**

Brazil Brazil Grill en pleine matinée avant la cohue générale.

Yummi !
Mes restos préférés

Dîners de quartier, brunchs préférés, chouettes cafés... Quelques sections de ce carnet renferment déjà plusieurs adresses de restos que j'affectionne. En voici tout de même quelques autres où, au fil du temps, j'ai fini par établir mes quartiers.

Midtown

Topaz

Dans la catégorie thaïlandais-beau-bon-pas-cher, Topaz est dur à battre... Surtout à trois rues de Central Park! Terré dans un sous-sol, ce tout petit resto n'a aucune prétention si ce n'est de servir d'excellents plats au curry. Les entrées de brochettes satay (poulet grillé à la sauce aux arachides) et les *steam Bangkok dumplings* valent également le détour. Ouvert semaines et week-ends... Et même le 25 décembre, journée où j'ai découvert Topaz à mon premier Noël loin de ma famille. Pas besoin de réserver. (Environ 20 $ par personne, bière Singha incluse!)

127, 56ᵉ Rue Ouest , Midtown, entre la 6ᵉ Avenue et la 7ᵉ Avenue

$-$$

Bistro Milano

En plein cœur de Midtown, un resto italien à la fois vaste et moderne, mais à l'ambiance familiale. Il faut dire que les chaleureux Alejandra, Sanna et Ben Hur nous y accueillent comme si on était de la famille. Les fusillis *integrali* – des pâtes de blé intégral servies dans un ragoût de légumes (très santé !) – sont succulents, tout comme les aubergines gratinées, les entrées de roquette et poires braisées et le tartare de thon. Pas besoin de réserver. (Environ 50 $ par personne, incluant le vin.)

 1350, 6e Avenue, Midtown, l'entrée est sur la 55e Rue Ouest, entre la 5e Avenue et la 6e Avenue

 $$

Avec les chaleureux Ben Hur, Sanna et alejandra du Bistro Milano.

Monkey Bar

O n y va surtout pour l'ambiance et le décor, qui nous téléportent sur-le-champ dans le New York des années 1930. Situé à deux pas de la 5e Avenue, le Monkey Bar est la propriété de Graydon Carter, éditeur du magazine *Vanity Fair*. Restaurant spécialisé dans l'*american cuisine,* ses huîtres et sa côte de bœuf font la renommée de la maison, tout comme ses belles banquettes rouges et ses fabuleuses murales d'Edward Sorel qui transpirent le raffinement. À la limite entre le club privé et le club de jazz, le Monkey Bar a aussi servi de décor à l'envoûtante télésérie *Mad Men*. Ne soyez pas surpris d'y croiser Ivana Trump et sa cour ou autres *socialites* et célébrités locales… au visage lifté, botoxé et très maquillé! Réservation recommandée. (Environ 75$ par personne, incluant un verre de vin.)

 60, 54e Rue Est, Midtown, dans l'hôtel Élysée, entre la 5e Avenue et l'avenue Madison

 Tél.: 212-288-1010

 **On peut aussi réserver en ligne au http://monkeybarnewyork.com/ Monkey-Bar-Reservations.html.**

$$$

Avra

Une excellente adresse pour les amateurs de cuisine grecque et méditerranéenne. Grand resto au décor chaleureux : les belles portes françaises s'ouvrent sur des planchers de bois et des tables rustiques. Les poissons y sont toujours bien frais, tout comme les salades, la pieuvre grillée et autres délices santé au menu. Bref, on retrouve chez Avra la qualité du fameux resto grec new-yorkais Milos (dont les proprios possèdent aussi le Milos montréalais), facture salée en moins ! Pendant la belle saison, l'Avra met aussi à notre disposition une belle terrasse fleurie. Réservation recommandée. (Environ 75 $ par personne, incluant l'apéro, le vin et le service – à condition de ne pas commander le poisson à la livre, sinon, c'est plus cher.)

141, 48e Rue Est, entre l'avenue Lexington et la 3e Avenue, Midtown

Tél.: 212-759-8550

**Pour ceux qui ont envie de se payer le Milos :
125, 55e Rue Ouest**, Midtown, entre la 6e Avenue et la 7e Avenue

Tél.: 212-245-7400

$$$

De belles tables rustiques et des poissons délicieux.

Du vin, de l'huile d'olive, des citrons et des pots
de confiture... Pas de doute, on est chez Otto !

De délicieuses pizzas à la croûte mince...

Greenwich Village

Otto

Une autre version des nombreux restos du sympathique et rondouillard chef italien Mario Batali. Situé dans Greenwich Village, près de l'Université de New York, Otto est le resto *casual* par excellence. Parfait pour les repas en famille ou en groupe. Les pâtes et les pizzas – à croûte mince cuites sur plaque chauffante – sont délicieuses. La carte des vins semble s'étendre sur des kilomètres.

On peut d'ailleurs simplement y aller pour l'apéro, qu'on sirote autour d'assiettes de charcuteries et de confitures dans le *trendy* et très fréquenté bar situé juste à l'entrée. Otto a aussi le mérite d'être à côte du charmant parc Washington Square, où des artistes de tous horizons se produisent hiver comme été. Réservation nécessaire, surtout si on y va en groupe. (Environ 40 $ par personne, incluant le vin.)

 1, 5ᵉ Avenue, Greenwich Village, on entre par la 8ᵉ Rue

 Tél.: 212-995-9559

 $$

L'entrée du Gahm Mi Oak.

Korea Town

Lové à l'ombre de l'Empire State Building, Korea Town est une petite enclave coréenne fièrement établie en plein cœur de New York. Les habitants de la Grosse Pomme l'appellent plus prestement «K-Town». Véritable petit trésor national, il s'étend de la 31e Rue à la 36e Rue, entre la 5e Avenue et la 6e Avenue. C'est là que les immigrants coréens se sont installés à leur arrivée en sol new-yorkais... Et ils ont choisi d'y rester! K-Town est aujourd'hui le centre névralgique des affaires coréennes. La 32e Rue regorge de petits restos aux parfums asiatiques, d'épiceries fines et de commerces traditionnels. S'y promener se révèle une véritable expérience culturelle.

Korea Town

Gahm Mi Oak

Spécialité ici: la soupe à la moelle de bœuf, aux nouilles et au riz blanc, dont le bouillon stimule le système immunitaire. Mais il faut absolument y ajouter du sel et des oignons verts (à votre disposition sur les tables) pour y donner plus de goût. Cette «potion magique» posséderait aussi la propriété de soigner la gueule de bois... Ça explique sans doute pourquoi, le 1er janvier, le Gahm Mi Oak est littéralement pris d'assaut par des fêtards qui ont un peu trop arrosé l'arrivée de la nouvelle année quelques heures plus tôt sur Time Square! Les kimchis maison – légumes fermentés servis dans une sauce épicée – y sont aussi délicieux. Pas besoin de réserver. (Environ 15 $ par personne, sans l'alcool.)

 43, 32e Rue Ouest, Garment District, Korea Town, entre la 5e Avenue et la 6e Avenue

 $

La fameuse *sul long tang* (soupe à la moelle de bœuf) aux propriétés bénéfiques pour la santé.

Kum Gang San

Une simple visite au Kum Gang San et nous voici partis pour une escapade culinaire coréenne mémorable. On débute avec un *boharlee cha* (thé chaud à l'orge) et des *bahn chahn* (sorte de tapas coréennes). Les *haemul pahjun* (crêpes aux fruits de mer) et le *buhl goh gi* (bœuf barbecue mariné que l'on cuit soi-même sur une plaque chauffante au milieu de la table) sont excellents, tout comme à peu près tout ce que le menu renferme. De jeunes et belles Asiatiques y jouent du luth en costume traditionnel. Le restaurant, sur deux étages et à la déco pittoresque, est ouvert 24 heures sur 24. Réservation recommandée. (Environ 40 $ par personne, bière Hite incluse.)

 49, 32ᵉ Rue Ouest, Garment District, Korea Town, entre la 5ᵉ Avenue et la 6ᵉ Avenue (porte voisine du Gahm Mi Oak)

Tél.: 212-967-0909

$$

Une incursion culturelle dans le monde de Kum Gang San !

Mandoo Bar

oup bar, dumpling bar... Peu importe, c'est LA place pour les dumplings à New York. Épicés, frits, cuits à la vapeur, aux fruits de mer, aux légumes, au bœuf... Au Mandoo Bar, on manie l'art du dumpling dans toutes ses variations (en plus de les préparer devant vous!) La soupe de dumplings au bouillon de bœuf a d'ailleurs la réputation d'être la meilleure de tout Manhattan. Le *comfort food* par excellence après une éreintante séance de shopping chez Macy's (situé tout près) par une glaciale et humide journée d'hiver comme seul New York en a le secret. On s'y présente et on attend en file. (Moins de 25 $ par personne.)

 2, 32ᵉ Rue Ouest, Garment District, Korea Town

 $$

Coloré résidant au coin du Malcom X Boulevard, Harlem.

Clientèle bigarrée. Bouffe délicieuse.

Harlem

Red Rooster

Ce resto où l'on sert de l'*American comfort food* n'a ouvert ses portes qu'en 2010 mais déjà, il s'impose comme un *must* culinaire dans le nouveau *hip* Harlem, jadis ghetto de la communauté afro-américaine de New York. Un beau et vaste resto, c'est le réputé chef Marcus Samuelson, originaire d'Éthiopie qui en est propriétaire. Des chanteuses gospel en habit de sœur y côtoient des gens d'affaires en complet ou tailleur Hugo Boss...

L'influence du Sud se goûte dans tous les plats. Spécialités maison: le *corn bread* et le *mac and green* (le bon vieux macaroni au fromage servi avec une salade). Le vivaneau (servi avec des gombos, du riz brisé et des piments forts) vaut à lui seul le petit détour pour se rendre dans ce quartier situé au nord de Central Park. Le Red Rooster se trouve dans le même secteur que les bureaux de l'ancien président Bill Clinton (qui va y manger de temps en temps en compagnie d'Hillary) et du légendaire Apollo Theater, où les Michael Jackson, Stevie Wonder et Ella Fitzgerald ont fait leurs débuts. Réservation recommandée. (Un peu plus de 50$ par personne, incluant un verre de vin.)

 310, Lenox Avenue, Harlem

 Tél.: 212-792-9001

$$-$$$

Upper East Side

Table d'Hôte

Un petit bistro français à l'allure coloniale (sept ou huit tables tout au plus) situé dans le tranquille Upper East Side. Idéal pour un peu de dépaysement quand on en a marre des restaurants envahis par les touristes! Les poissons et les viandes y sont délicieux. Sa clientèle – très locale – est classe mais pas chichi-ma-chère, contrairement à l'habitude dans UES. Bref, l'antithèse du m'as-tu-vu, l'endroit à éviter pour les inconditionnels de la *New York attitude*.

J'ai découvert ce resto grâce à mon bon ami Bill, illustre résidant d'Upper East Side. J'y ai étiré des lundis soir à refaire le monde et à rire aux larmes, alors qu'il ne restait plus que nous deux dans la place, les sages locaux ayant déserté les lieux depuis belle lurette...

Table d'Hôte offre un menu trois services à prix fixe le soir. Réservation recommandée. (Environ 50 $ par personne.)

 44, 92ᵉ Rue Est, Upper East Side, au coin de l'avenue Madison, à un bloc du secteur des musées de la 5ᵉ Avenue

Tél.: 212-348-8125

$$-$$$

Upper West Side

Shun Lee

Pour le meilleur *Peking duck* en ville! Ce beau et vaste resto chinois d'Upper West Side –une institution à New York – est toujours bondé d'adeptes du Met Opera (situé juste en face) qui viennent s'y sustenter avant ou après le spectacle. Le canard (*Beijing duck* sur le menu) est à la fois juteux et croustillant, juste à point. Les adeptes du film *Wall Street Money Never Sleeps* se remémoreront la scène où Michael Douglas y dîne avec son gendre (Shea Leboeuf) et sa fille (Carey Mulligan). Ambiance à la fois feutrée et animée. Réservation nécessaire. (Environ 70 $ par personne, bière Tsingtao et verre de vin compris.)

 43, 65e Rue Ouest, Upper West Side, entre l'avenue Central Park Ouest et l'avenue Columbus

 Tél.: 212-595-8895

 $$$

Attention: Ne pas confondre avec le Shun Lee Palace, situé dans Midtown.

Des ornements en forme de longs dragons jaunes agrémentent l'ambiance du Shun Lee.

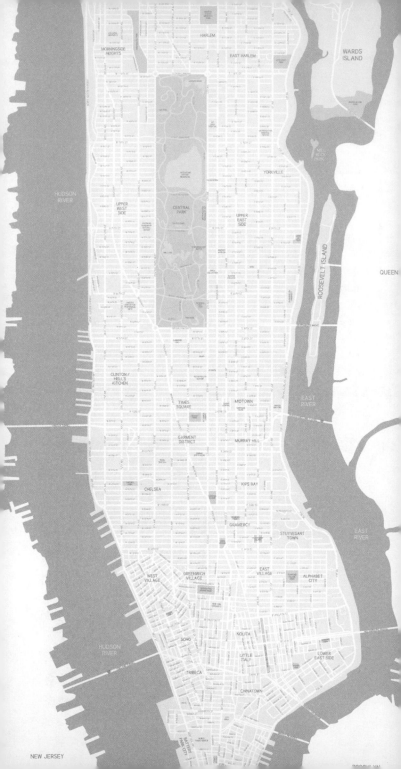

Quelques petits tuyaux...

À force de vivre à New York, de recevoir des amis, de conseiller tout plein de visiteurs du Québec, j'ai fini par dénicher quelques petits tuyaux...

Pour se loger
pas trop cher

Yotel

Un concept d'hôtel «capsule» qui nous vient du Japon et offre de toutes petites chambres de 170 pieds carrés, aussi appelées «cabines», à environ 200 $ la nuit (les tarifs dépendent du taux d'occupation). Yotel est entièrement automatisé: on s'y enregistre soi-même sur des bornes mises à notre disposition dans le hall. Il y a tout de même une réception avec employés au quatrième étage pour nous accueillir. Les chambres sont modernes et bien équipées, avec douche, télé HD et accès à Internet haute vitesse. Yotel est situé à côté de la grouillante 42e Rue et à quelques pas de Times Square.

570, 10e Avenue, Midtown, au coin de la 42e Rue Ouest

Information: www.yotel.com
Réservation: reservations@yotel.com

Edison

C'est l'un des plus vieux hôtels de New York (construit en 1931) et il offre encore des tarifs qui peuvent sembler rétro! L'Edison est merveilleusement bien situé, en plein cœur de l'action de Times square et du Theater District. On peut y louer une chambre avec deux grands lits pour environs 200 $ la nuit. L'hôtel propose également des rabais et promotions occasionnels. À essayer si l'idée de loger dans de vieilles installations ne vous rebute pas!

 228, 47ᵉ Rue Ouest, Theater District, entre Broadway et la 8ᵉ Avenue

 www.edisonhotelnyc.com

 Tél.: 212-840-5000

Punaise!

Elles s'introduisent par effraction partout à New York... Dans les apparts, les commerces, les hôtels – même au chic Waldorf Astoria! Les *bedbugs* ont souvent fait la manchette au cours des dernières années dans la *Big Apple*, aux prises avec des infestations soudaines dans ses immeubles. Le maire Bloomberg leur a déclaré la guerre en 2010 et a mis sur pied une brigade «antipunaises de lit». Il faut dire que la Ville avait reçu plus de 30 000 plaintes de propriétaires envahis (et en furie) en un an! Depuis, New York réussit à mater ces indésirables, si bien qu'elles infestent et indisposent beaucoup moins qu'elles en avait la mauvaise habitude. Si, malgré tout, l'idée de vous faire dévorer par des «suceuses de sang» (bien inoffensives, précisons-le) lors d'un éventuel séjour dans la *Big Apple* vous affole, vous pouvez toujours jeter un coup d'œil au www.bedbugregistry.com, qui répertorie les endroits où elles frappent...

Les Holiday Inn Express

Chaîne d'hôtels qui offre des services limités, où on peut dénicher une chambre avec un lit *king* pour une moyenne de 300 $ la nuit, à condition de ne pas être en haute saison touristique. Il faut débourser environ 40 $ de plus pour un second lit *king* dans la chambre. Les Holiday Inn Express new-yorkais sont généralement bien situés, près de tout.

13, 45ᵉ Rue Ouest, à deux pas de la commerçante 5ᵉ Avenue

www.hiexpress.com/hotels/us/en/new-york-city/nycff/hoteldetail

Tél.: 212-302-9088

232, 29ᵉ Rue Ouest, tout près du Madison Square Garden

www.hiexpress.com/hotels/us/en/new-york-city/nycny/hoteldetail

Tél.: 212-695-7200

343, 39ᵉ Rue Ouest, entre la 8ᵉ Avenue et la 9ᵉ Avenue, à dix minutes de marche de Time Square et des théâtres de Broadway

www.hiexpress.com/hotels/us/en/new-york-city/nycws/hoteldetail

Tél.: 212-239-1222

126, rue Water, Lower Manhattan, à cinq minutes de marche du Sea Port

www.hiexpress.com/hotels/us/en/new-york-city/nycsf/hoteldetail

Tél.: 212-747-9222

Jewel

Ce petit bijou d'hôtel (sans jeu de mots) offre de belles petites chambres modernes équipées d'un lit *queen* pour une moyenne de 350 $ la nuit. C'est environ 50 $ de plus pour un second lit *queen* dans la chambre. Le Jewel est avantageusement situé en face de Rockefeller Plaza, à un jet de pierre de la 5ᵉ Avenue, du Radio City Music Hall et du MoMA.

11, 51ᵉ Rue Ouest, entre la 5ᵉ Avenue et la 6ᵉ Avenue

www.thejewelny.com

Tél. : 212-863-0550

Hôtels, couettes et cafés ou appartements à Manhattan et dans les environs

Une multitude de sites Web consacrés aux voyages et au tourisme offrent également des promotions dans les hôtels new-yorkais. Ces sites de réservation en ligne peuvent aussi vous guider si vous optez pour une chambre dans un couette et café ou un appartement de séjour meublé à Manhattan et ses environs (ce qui peut s'avérer économique quand on voyage à plus de quatre personnes). En voici quelques-uns. Il ne vous suffit plus que d'écumer toutes les offres...

www.NYCgo.com
(site officiel d'informations de la ville de New York)

www.expedia.ca

www.booking.com

www.vacationrentals.com

www.hotwire.com

www.priceline.com

Pour découvrir des tables gastronomiques sans se ruiner

Deux fois par an, New York vibre au rythme de la *Restaurant Week*, idée ingénieuse qui donne l'occasion d'essayer les meilleures tables en ville à une fraction du prix habituel. Les établissements des Jean-Georges, Daniel Boulud, Alain Ducasse et autres chefs réputés y participent, tout comme des centaines d'autres bons restos, si ce n'est pas des milliers! Le concept est simple: les restos concoctent un «menu prix fixe», comprenant entrée, plat principal et dessert, presque invariablement aux environs de 25 $ le midi et de 35 $ le soir, excluant le vin et le pourboire.

Ce *happening* culinaire a lieu deux fois par année, soit vers la fin janvier et vers la fin juillet. Si, par un heureux hasard, votre visite dans la *Big Apple* tombe pendant cette période...

 www.nycgo.com/restaurantweek

Pour des parfums à prix d'aubaine

Véritable caserne d'Ali Baba du parfum, le Manhattan Worldwide se spécialise dans la vente de gros et de détail. On y trouve parfums, eaux de Cologne et eaux de toilettes en quantité industrielle, souvent vendus jusqu'à la moitié du prix habituel. Les proprios, originaires du Bangladesh, sont là pour vous guider.

 1200, avenue Broadway, entre la 29e Rue et la 30e Rue

Pour profiter des soldes dans les grands magasins

Les journées–rabais
Friends and Family

De façon périodique, trois grandes institutions de la mode new-yorkaise, Saks Fifth Avenue, Bloomingdale's et Lord and Taylor, tiennent des *happenings Friends and Family,* en principe destinés à leur clientèle détentrice d'une carte de crédit de la maison. Or, les visiteurs étrangers peuvent généralement profiter de ces journées promotionnelles même s'ils n'ont pas la carte de crédit du magasin. Il vous suffit d'insister un peu à la caisse et on vous accordera les mêmes rabais sur vos achats (les soldes varient entre 15 % et 25 % de la facture totale).

Passeport touriste chez Macy's

Votre virée magasinage vous amène plutôt au fameux Macy's ? Première escale obligatoire : le *Visitors Center*, situé au premier étage et demi. Présentez une preuve que vous résidez ailleurs qu'aux États-Unis (un permis de conduire ou une carte d'assurance-maladie suffit), on vous remettra un passeport touriste vous donnant droit à une réduction de 10 % sur tous vos achats en magasin.

Pour admirer les sites emblématiques de New York

Top of the Rock

Le Chrysler Building, l'Empire State Building, Central Park, Brooklyn et le New Jersey... Vous en êtes à votre première visite dans la *Big Apple* et vous voulez voir tous ces sites emblématiques? Top of the Rock représente une bonne alternative au très touristique Empire State Building. Son observatoire est situé au sommet de l'édifice de General Electric (GE Building), qui compte 70 étages (259 mètres de haut) et qui abrite les studios de NBC où sont tournés, entre autres, la fameuse télésérie *30 Rock* de même que le très satirique *Saturday Night Live*. Les files d'attente pour monter au Top of The Rock sont moins longues – quand il y en a – que celles de l'Empire State Building, mais la visite coûte un peu plus cher. Son observatoire nous offre une vue à 360 degrés sur des kilomètres à la ronde. Pour s'en mettre plein la vue!

On peut acheter les billets sur place.

 30, Rockefeller Plaza

 www.topoftherocknyc.com

Pour voir des vedettes

Today Show

Cette émission matinale archi populaire du réseau NBC organise chaque vendredi matin, pendant la saison estivale, des spectacles juste à l'extérieur de ses studios, en plein cœur de Rockefeller Plaza. Justin Beiber, Lady Gaga, Cold Play... La liste des invités est longue. On peut assister à ces spectacles – tout à fait gratuits – qui débutent généralement à 8 h 30. Mais attention, lors du passage de grosses vedettes, c'est bondé! Des jeunes dorment même à la belle étoile la veille pour s'assurer une place près de la scène...

Late Show avec David Letterman

Ce vétéran du *stand up comic* de la télé améri caine enregistre du lundi au jeudi, en après-midi, son émission de fin de soirée diffusée au réseau CBS. Letterman y reçoit quotidiennement des *stars* hollywoodiennes et des vedettes de la chanson et de la télé. On peut assister – gratuitement – aux enregistrements en réservant des places sur le site internet du *Late Show*, mais il faut s'y prendre quelques semaines à l'avance. Les moins forts en planification peuvent se pointer directement au Ed Sullivan Theater (sur Broadway, au coin de la 53e Rue) le matin même de l'enregistrement et faire la file pour obtenir des laissez-passer. Vous revenez en après-midi et votre place est assurée! C'est moins sûr, mais on ne sait jamais...

 1697, Broadway, Midtown, entre la 53e Rue et la 54e Rue

 www.cbs.com/late_night/late_show/tickets

Daily Show avec Jon Stewart

Il est possible d'assister à l'enregistrement du délirant bulletin de nouvelles *The Daily Show* commenté par le tout aussi délirant Jon Stewart. Son émission, diffusée tous les soirs de la semaine sur le réseau Comedy Central, est enregistrée dans un studio de la 11ᵉ Avenue, dans Hell's Kitchen. Il faut se rendre sur le site Web de l'émission et s'y prendre longtemps, longtemps à l'avance... Et il faut persévérer. Très, très difficile de mettre la main sur les précieux laissez-passer...

 733, 11ᵉ Avenue, Hell's Kitchen

 http://gonyc.about.com/od/tvtapings/p/
jon_stewart.htm

Woody Allen au Carlyle

Puisqu'on parle de juif célèbre de New York, chaque lundi soir, Woody Allen joue de la clarinette avec son *band* de jazz au chic cabaret de l'hôtel Carlyle dans Upper East Side. On peut assister au spectacle du cinéaste névrosé à lunettes et de son groupe en réservant sur le site Web de l'hôtel ou par téléphone. Il faut cependant réserver une table et y manger ou encore une place au bar et y boire quelques consommations. Les retardataires peuvent aussi se présenter directement au Carlyle le soir même (aux alentours de 18 h) et voir s'il y a des annulations. Une soirée qui n'est pas donnée cependant... (Environ 135 $ par personne.)

 35, 76ᵉ Rue Est, Upper East Side, au coin de l'avenue Madison

 Tél. : 212-744-1600

 www.rosewoodhotels.com/en/carlyle/dining/
cafe_carlyle/

Pour toutes les infos

Official New York City Guide

Pour tout savoir de la *Big Apple* – ce qui fait par-
ler en ville, les attractions, les happenings, les
spectacles, les bons *deals*... et même comment
planifier votre séjour *big-appelien* –, le site officiel
d'informations de New York constitue à lui seul
une intarissable fontaine de renseignements fort
utiles.

 **www.nycgo.com**

Index par activité

Se cultiver et se divertir

Se faire dorloter

Shopping

Index par quartier

Salon de thé
125 Alice's Tea Cup

West Village

Boutiques et magasins
103 Bond no 9
 99 Gas Bijoux

Café
130 Doma